锦绣

JINXIUGUANGXI

广西

熊红云　詹炳宏　梁汉昌　著

中国纺织出版社

内容提要

这本书融入全新互联网数字媒介扩充阅读的方式，向读者呈现了广西少数民族地区的风土人情和服饰特色。

全书分为裳识、民俗、匠艺、游食四个部分。裳识部分以服饰、纹样、织锦、刺绣、配饰为线索，介绍了广西各少数民族服饰；民俗部分以传统节庆、民间传说、风俗为线索，记录少数民族地区婚丧嫁娶、鬼神信仰、风俗传统等方面的内容；匠艺部分记载广西各少数民族的技艺，包括服饰的制作过程、服饰原料的采集与制作等方面的内容；游食部分以广西各少数民族地区的居住特色和风味美食为主题，向读者分享广西的生活与饮食文化。

全书以图为主，简括凝练，整本书可以作为一份广西礼物，以飨读者。

图书在版编目（CIP）数据

锦绣广西 / 熊红云、詹炳宏、梁汉昌著 . — 北京：中国纺织出版社、2018.4

ISBN 978-7-5180-2837-5

Ⅰ . ①锦… Ⅱ . ①熊…②詹… ③梁… Ⅲ . ①广西 — 概况 Ⅳ . ① K926.7

中国版本图书馆 CIP 数据核字（2016）第 181625 号

策划编辑：郭慧娟 杨美艳　　　　责任编辑：杨勇
责任校对：楼旭红　　　　　　　　责任印制：王艳丽
特邀设计：熊红云 寇雅宁 贺今

中国纺织出版社出版发行
地址：北京市朝阳区百子湾东里 A407 号楼 邮政编码：100124
销售电话：010-67004422 传真：010-87155801
http://www.c-textilep.com
E-mail: faxing@c-textilep.com
中国纺织出版社天猫旗舰店
官方微博 http://weibo.com/2119887771
北京雅昌艺术印刷有限公司印刷 各地新华书店经销
2018 年 4 月第 1 版第 1 次印刷
开本：899×1194 1/16 印张：22
字数：220 千字 定价：398.00 元

凡购本书，如有缺页、倒页、脱页，由本社图书营销中心调换

1 裳·识

服饰

壮

瑶

彝

2 / 民·俗

壮

瑶

3 / 匠·艺

侗

毛南

游

壮

瑶

侗

食

裳·识

「裳 · 识」壮族围腰｜系在腰间的绚彩

哪个剪脐带，
祖母剪脐带。
脐带剪断了，
娃娃包在围腰里，
要来洗娃娃。

　　围腰是上下装相连接的过渡部分，不仅有保洁功能，即在劳动中避免弄脏衣服，保持服装的整洁，而且有装饰以及防寒作用，有的成为壮族妇女身上装饰最精美的部分。围腰带的上部是一个上窄下宽的梯形围腰头，用银链吊在颈上，整个围腰头多用白布为底，用红绿丝线绣有折枝花及其他纹样，鲜艳美观。围腰头下部才是围腰，多用黑布、蓝布缝制，下摆镶边，用白色或蓝色围腰带系在腰上。

关于壮族的花围腰，有个美丽的传说：相传古代姑娘寨何姓"小五妹"长得水灵，聪颖过人。南诏国王子选美，走遍苍山洱海，踏尽叠水石林，来到滇南壮乡，通过对答，找到了知音"小五妹"。此后又进一步出题试探，"小五妹"应对自如。王子决定放弃宫廷生活，离开荣华富贵，与"小五妹"定居姑娘寨。王子仿照天上五颜六色的彩云，用99天的时间，制作成一块精美的小围腰，上面绣五朵梅花，象征五妹，作为厚礼，馈赠给这位聪明的姑娘。此后，山寨里的壮家姑娘个个都喜欢系上一块花围腰，用来显示自己的聪慧漂亮。

南丹罗富壮族围腰

天峨壮族围腰

南丹县吾隘镇壮族围腰

「裳 · 识」壮族背带｜母背上的摇篮

交背带，接背带，背带结系两家人。

从来外婆亲外甥，打断骨头连着筋。

自古生命祖婆传，一条背带连着根。

　　背带 ，古称"襁褓"，又称"小孩背带""娃崽背带"或"背扇"，在以农耕为主要经济方式的壮族地区，生活环境的艰辛，使得许多母亲在下地干活或者翻山越岭走亲戚和赶圩时，也要背着孩子。她们用一块长宽布，中部护着婴儿背部，从胯下兜起孩子的臀部，包裹着孩子的背部背在背上，背带两头从肩上绕往胸前，交叉经腋下绕回婴儿背后，再交叉经婴儿胯下，托起婴儿臀、腿，再绕往母亲胸前，打结布两头系于腰间，形成最简单的"摇篮"。

锦绣广西 JINXIUGUANGXI

背带

由于背带的特殊含义，妇女在上面花费的工夫最多。又因西南少数民族分支繁杂，区域辽阔，即便是同一民族，村寨间也可能存在"五里不同风，千里不同俗"的文化差异，这种差异更体现在背带的工艺与纹样上。小小的一张背带，仅刺绣工艺就有数十种，如平针绣、打籽绣、拉锁子绣、绉绣、缠绣、锁绣、锡绣、挑花、补花等。背带上的纹样，因为有替代文字体现族群文化的功能，不同民族、不同区域、不同支系的妇女往往借鉴汉族传统文化"言必有意、意必吉祥"的手法，将民族的历史记忆与符号图腾融入其中。此外，在背带上镶嵌银饰、玻璃镜片等反光物、尖锐物以及垂挂一串古钱或香囊流苏，也有避邪招福的含义。

传统的背带，一般婚前由姑娘自制或婚后由母系亲人（外婆、娘舅）馈赠。有些地方至今仍保留着生子满月时外婆送背带的习俗，外婆送背带时一般会组成一队人，场面跟结婚时一样喜庆、欢乐。摆酒席当天还会安排唱山歌，其中有唱《背带歌》，大致内容是祝愿年轻夫妻婚姻幸福美满，祝愿子孙健康平安，还少不了的就是歌唱绣花背带的做工精美，以表感谢。

壮族背带

凤山县乔音乡壮族背带局部

「裳 · 识」壮族绣花鞋｜五色丝针绣情意

一针一线，
万情千意。

　　壮族服饰精彩多样，而作为服饰一部分的绣花鞋，又有其独特的文化内涵，广西壮族传统绣花鞋是广西壮族妇女在日常劳作、盛大节日、婚嫁等场合穿着的，同时，也是青年男女爱情的信物。从技法、纹饰、使用价值等方面表达了壮族妇女对生活美好的追求和向往。

锦绣
JINXIUGUANGXI

鞋样

　　广西壮族传统绣花鞋款式多种多样，样式简洁大方，图样纹饰丰富。壮族妇女绣花鞋主要有以下鞋款：扣带式绣花鞋、锦带凉鞋、"回头"绣花鞋等。

　　扣带式绣花鞋：扣带式绣花鞋的横带和鞋面的布料、色泽协调一致，鞋扣缝于一侧。这种绣花鞋非常适合壮族妇女日常劳作，稳健行走且不容易摔跤，穿着舒适。

　　锦带凉鞋：广西壮族妇女夏季多穿这种锦带凉鞋，锦带凉鞋整体造型简洁大方，图案丰富多变，艳丽多彩。造型简单，穿着方便而且稳当，也有利于广西地区湿热气候下人的汗水的挥发与排出，集功能性与美观性于一体。

　　"回头"绣花鞋：广西壮族传统绣花鞋中要数"回头"绣花鞋极具代表性。鞋头微微地弯曲上翘，鞋尖呈三角锥形，尖部呈现"回头"状，据说这样造型灵感来源是凤凰的嘴巴。"回头"绣花鞋鞋体纤巧秀丽，做工、刺绣复杂。鞋帮由青色、黑色土布制作，帮面上用五彩丝线刺绣，绣上花鸟鱼虫等吉祥纹饰。

广西乐业新化磨里壮族绣花鞋

广西乐业新化磨里壮族绣花鞋

壮族高桶"回头"绣花鞋

广西大新县三联乡壮族锦带凉鞋

「裳 · 识」壮族女子发饰 | 发间的钿饰葳蕤

薄雾围绕，身着青服，上绣水色小花朵朵。
青丝绾起，支簪固定，垂下许许流苏婀娜。

　　壮族服饰多姿多彩，色调朴素而简洁，而壮族服饰中的头饰在不同支系服饰之间有着很大的差异，从款式、纹饰、色彩到工艺都有各自不同的风格，　那么如何通过壮族女子的发饰来区分每个支系呢？

发饰

　　那坡壮族发饰的佩戴方法通常：将头发束盘成发髻，卷在头顶，将发髻包住。然后用白头巾沿发际将头包住，以便能稳插各种头饰，再用一条长约九尺，宽六寸的黑布条经折后盖在头上，如飞机样盖在头上，盖住前额。黑头巾用土布来做，所以质地很硬，打了折盖在头上，风吹抖动都不易变形。

　　广西贵港市的壮族妇女将蓝色方巾折叠成三角形，用来包裹整个头部，并在下巴处打结。造型土而不俗，侧面看正是"犹抱琵琶半遮面"，尽显女性婀娜多姿之态。

　　广西大新县三联乡壮族的发饰较别致，女子常以织锦勒额扎紧头发，再用两端有垂穗的白土布、方格花帕交缠于上，显得端庄又活泼。

　　布依壮族也被称为青衣壮族。布依壮族妇女的发饰以蓝色为主，盘于头上，远远看去，像一顶时髦的帽子。

　　广西隆林沙梨乡壮族妇女的发饰为白色的头帕，两端有黑花织带及细线穗装饰。

那坡城厢镇龙华村吞力屯壮族发饰

贵港市港北区港城镇龙井村上龙屯壮族发饰

广西大新县三联乡三联村中屯壮族发饰

广西隆林青衣壮族发饰

广西隆林沙梨乡壮族发饰

发饰

　　广西贺州市八步区南乡镇的壮族服饰增加了一种十分特殊的类型—高顶头饰。这种头饰是用竹壳做成内托，以白布裹之再包黑布，最后缠以红布条或绣花带，高耸巍峨。

　　关于这种头饰，南乡民间广泛流传这样的传说：俍兵定居南乡，将来不及逃走或在战争中失去丈夫的瑶族女子强娶为妻。新婚之夜，瑶族女子为了表示对亲人的悼念和寄托哀思，要求用白布缠头，壮族丈夫不许，瑶族女子力争，双方妥协的结果是：先用白布包头，再罩黑布在外，露出白边，象征为亲人戴孝；黑布上再缠红巾，表示新婚吉祥喜庆。这种悲喜并存的头饰是已婚妇女的标志，是南乡壮族独具特色的服饰传统。

「裳 · 识」壮族蛙纹｜稻作文化的密码

雷公举斧劈恶人，
青蛙持刀后面跟。

　　蛙崇拜文化是壮族稻作丰饶文化的具体表现。壮族在其漫长的历史进程中，为适应特定的地理环境，稻作生产成为主要的生产方式。因此，对稻作丰饶的祈盼，也就在壮族自然崇拜文化中占据着较大的比重。青蛙与稻作丰饶文化的关系一直清晰地保留在壮族传统文化中。

渊源

在壮族先民看来，密集的蛙声与春雨的嘀嗒声是交织在一起的。在壮族的风俗中，青蛙具有预告降雨和控制水旱的能力。于是先民便以为青蛙具有某种神秘的超级力量，能够支配雨水的降临。因此就认为，只要虔诚地崇拜青蛙，就能感动雷神普降春雨，随之就产生以青蛙为对象的崇拜活动和祈雨活动。

同时，蛙崇拜文化是壮族生殖崇拜文化的表现方式之一。青蛙由于自身的体形以及强盛的生殖力，被壮族先民视为女性的化身，成为生殖崇拜的对象。从表面上看，蛙的肚腹和孕妇的肚腹形状相似。从内涵来说，蛙的繁殖能力很强，产子繁多，一夜春雨便育出成群的幼体，这种人们对于生命繁衍的祈盼，常常是通过神话与传说的形式来体现的。由此人们将蛙纹样绣在衣服上来象征美好寓意。

随着社会发展、文化变迁，蛙在壮族物质生活和精神生活中不断被赋予新的内涵，但由于固有的思维定式，蛙在壮族人民的心中仍然居于神圣的地位，并不断地影响着人们的生活。

龙州壮锦蛙纹

广西龙州县金龙镇板送村壮锦蛙纹

龙州壮锦蛙纹

「裳 · 识」壮族花肖衣 | 丽服熠熠夺春晖

那一袭黑色，
在阳光照下闪闪发光。
端庄、高贵、绚丽，
彩色的纹饰点缀，
散发一种动人的美。

　　壮族花肖衣是隆林各族自治县革步乡、金钟山乡、天生桥镇一带的女性服饰，在革步乡壮族聚居的区域，家家户户几乎都有纺织机和染缸设备，家家户户都会制作花肖衣。壮族花肖衣由纯手工制作，整体黑色或蓝黑色，在光照下闪闪发光；右侧开襟，在开襟处镶上各种花边，襟两边以布条打结成的纽扣连接，纽扣处还以银器装饰；衣领为彩色条纹的小圆领，沿着领口镶有一圈花边；衣袖分为两节，上节袖大，与衣连成一体，上节袖口镶花边。下节袖小，单独做成各种花色的袖筒，然后套在上节衣袖中并缝实；在上节袖口及衣领、开襟处都顺着花边一侧用细布条缝制出三四道凹凸条纹。

关于花肖衣上的衣领和衣袖上的纹样来源，有一个古老的传说：很久以前，青衣壮的先民们在一起过着平凡的生活。一天，山洪暴发，房屋被冲毁，人群被冲散，人们扶老携幼往高坡上奔跑。洪水过后，人们发现原来的山坡已经被洪水围成一个个孤立的小岛。从此，人们各据山头，彼此相望，沟通起来非常困难。怎么办？这时，聪明的壮民伐木造船，靠船摆渡，恢复了家园的重建。于是，尽管江河横流，但人们摇着小船，早晚相聚，依然优哉游哉。为了纪念难以忘怀的历史，后来青衣壮把这一故事记载在衣服上：以不同颜色的波纹比喻江河，以不同形状的线条比喻小船，以三角形的图案比喻新建的家园。

隆林青衣壮花肖衣

隆林青衣壮花肖衣

隆林青衣壮花肖衣

「裳 · 识」白裤瑶服饰│"两片瑶"的美丽

两片瑶的民族，

大山里的活化石，

流淌着那些过往的故事。

　　白裤瑶是瑶族的一个支系，自称"布诺"，主要居住在河池南丹县的八圩乡和里湖乡，服饰简洁而质朴，因男子穿齐膝白裤，故称为"白裤瑶"。白裤瑶服饰，分男装和女装，节日盛装和便装，服饰图案以鸡仔花为主要纹饰，体现出白裤瑶人们对鸡的崇拜。

服饰

1. 白裤瑶女服

（1）头巾：女子在佩戴头巾时需要先把长发在脑后扎好，成发髻状，然后用一块黑布，中间对准前额，从前面往后包裹头发，最后将两条白色带子平绕两周，布条尾部扎在左前额部位翘起，好似锦鸡头上的翎毛。

（2）上衣：是无领无袖褂，称之为"褂衣""贯头衣"。长度刚到裙腰，腋下无扣，两侧亦不缝合，仅肩角处相连，上部正中留口不缝合，贯头而入。

（3）百褶裙：裙子主色以黑蓝两色相间，配以橙、红蚕丝线。百褶裙还配一块挡布。

（4）绑腿：女子的绑腿布是用足每幅宽一拃半、长十二拃的黑布将足胫包裹，外层再并列绑上四副橘红色丝线绣着米字花纹的花绑带。

2. 白裤瑶男服

（1）头巾：白裤瑶男子佩戴头巾的过程是先将头发拧成一股，再用一条白布条螺旋包紧，之后再用一条同样大小的黑布顺折后盘绕在白头巾的外面。

（2）上衣：男子上衣无论简盛，都是黑色立领的对襟衽衣，没有纽扣。

（3）花腰带：是在长 150 cm、宽 25 cm 的白布上使用彩色花线绣满菱形交叉的花纹制成的。

（4）裤子：盛装的男裤在裤管的前膝盖部位饰有五根用红丝线绣成的手指形状的花柱，称之为"五指纹"或"五指血印"。

（5）绑腿：绣有米字花的绑腿。

白裤瑶女子服饰

白裤瑶男子服饰

白裤瑶女子服饰

白裤瑶服饰

「裳 · 识」白裤瑶纹饰｜华与美的装饰

鸡爪纹，

瑶王印，

服饰上的记载，

属于那个时代的传说。

南丹白裤瑶服饰图案中以动物为主题的图案多采用抽象的表现形式，其中包括鸟纹样、龙纹样、蝴蝶纹样、花纹样和几何纹样。这些图案多是经过简化概括而得出，大都是作为装饰性的辅助纹样来运用，增添了图案的多元性。

纹样

（1）鸟纹样：鸟纹样由线和面共同组成，以轴对称的形式出现。鸟纹样也是极为抽象的一种纹样。

（2）龙纹样：龙是具有模糊的文化符号意义的理想化事物。白裤瑶服饰中把龙纹样以银饰的形式钉在儿童帽上，以此来祈祷儿童身体健康。

（3）蝴蝶纹样：蝴蝶作为一种非常美丽的昆虫，与其他抽象的纹样相比，蝴蝶的表现非常具象。

（4）花纹样：南丹白裤瑶服饰图案上的花主要有象征太阳和光明的太阳花以及象征勤劳的剪刀花。

（5）山纹样：山纹样与鸟纹样是一个共用图案，出现在女子背牌的四个角落，体现了白裤瑶族一直生活的群山连绵的环境。

（6）河流纹样：河流在白裤瑶服饰图案中主要表现在女子百褶裙的三道蜡染纹样，相传是白裤瑶迁徙所经过的三条河流。

（7）星宿纹样：星宿纹样主要有星星、月亮，表现手法比较抽象。其中月亮跟龙是共生图案，在龙纹样之外，周围小的圆形挂饰是星星。

（8）几何纹样：几何纹样在白裤瑶服饰图案中，有充当主体图案的纹样，也有作为装饰性的花边使用的纹样。

广西南丹县白裤瑶服饰纹饰

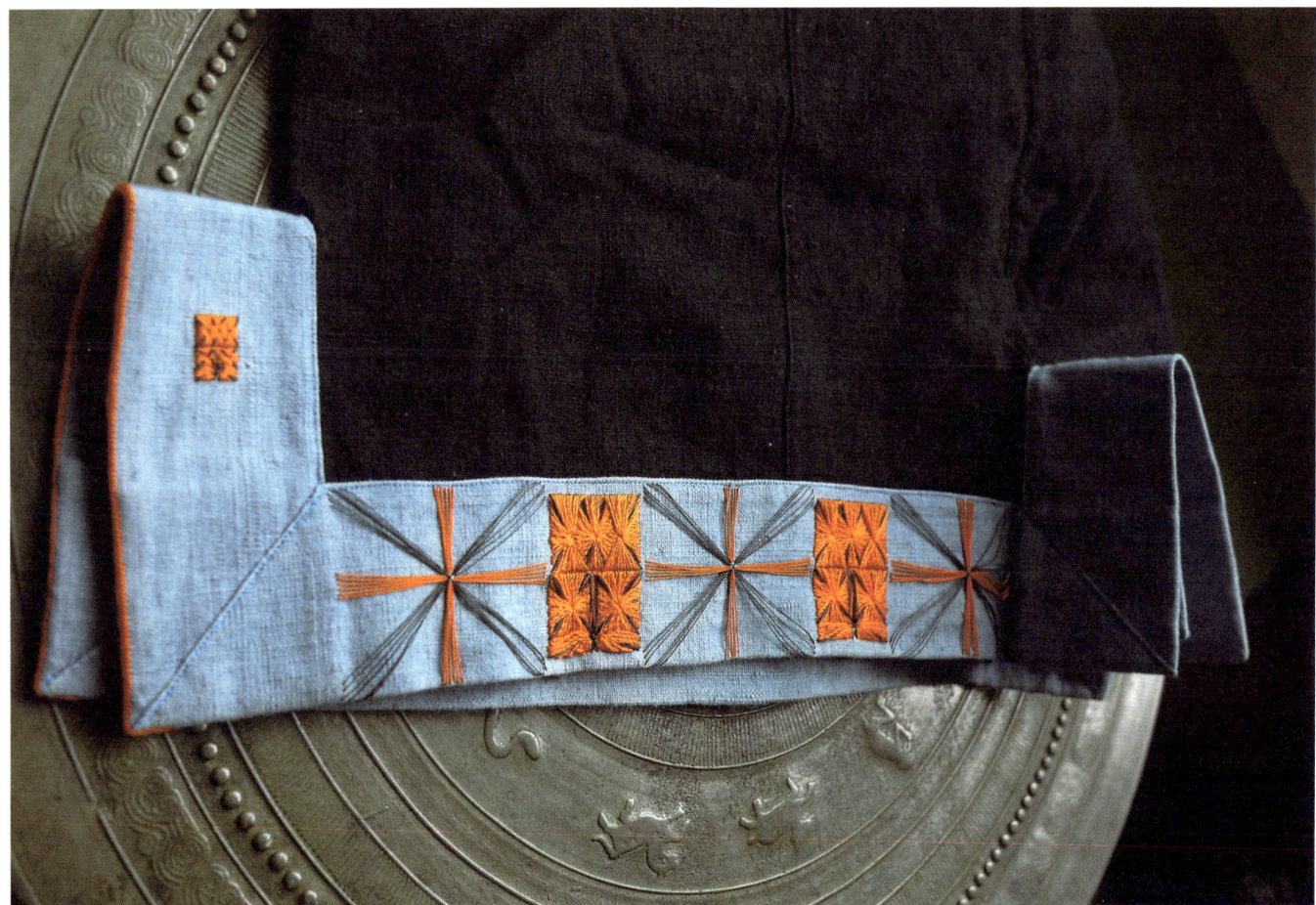

广西南丹县白裤瑶服饰纹饰

「裳 · 识」蓝靛瑶服饰 | 深山里的蓝靛情结

蓝靛，
深山里的一抹记忆。

蓝靛瑶是瑶族的一个支系，自称"金门"，因穿着用蓝靛染的衣物而得名。蓝靛瑶服饰很有特点，以黑色为主，又不乏大胆的黑白对比以及大块冷暖色的对比，形成古朴、简洁、大方的风格。配饰以少胜多，十分耐看。

服饰

1. 女子服饰

（1）头巾：蓝靛瑶的头巾是一大块蓝靛土布，包在头上后前额部分的布朝上折起，额头两边的布分别向左右撑开，使整个头巾远看就像一顶小帽子，在靠头顶的部位，用白色布条缠绕数圈，最后，用与前额折起布块连在一起的两条白布条相交捆扎在后脑，使整个头巾固定下来。

（2）上衣：以她们自染的蓝靛布为底，衣领和袖子配上漂亮的花边和蓝布等。衣领正下方系着一排瀑布般的粉红色丝穗，从前胸垂到腰带部位，这是蓝靛瑶上衣的一大亮点。

（3）腰带：蓝靛瑶的腰带也非常精致，白色丝线为经、红色丝线为纬织绣而成，束于腰间，使黑色上衣增色不少，也更凸显女性的腰身线条，青年女子往往在腰带上绣许多花纹，并在上面加数十颗星形银饰来装饰，盛装还同时系上几条腰带。

（4）裤子：蓝靛瑶女性裤子同样以蓝靛土布制成，裤长及地，裤脚处用宽 4cm 青色布条镶边，与上衣相呼应。

2. 男子服饰

男子服饰样式比较简单，上衣为蓝靛土布做的对开襟或曲襟，如琵琶衣，蓝靛布缠头。盛装时在黑色宽布腰带处别一个精致的彩色垂穗小荷包，或者在肩上单挎一个彩色包包。

蓝靛瑶出嫁服饰

蓝靛瑶女子服饰

蓝靛瑶服饰

蓝靛瑶女子服饰

「裳 · 识」金秀瑶族发饰 | 发间的灵与美

群山之中，
古老神秘的瑶人，
头饰上的灵与美。
寻一处三月春光，
娓娓道来。

　　在金秀瑶族自治县的大瑶山中居住着古老而神秘的瑶族，这个民族的分支众多。而金秀镇主要居住着盘瑶、花篮瑶、坳瑶、山子瑶和茶山瑶五个瑶族支系。尽管这五个瑶族支系都是共同居住在大山之中，但是他们的头饰却各有特色。

发饰

（1）盘瑶发饰：有尖头盘瑶和平头盘瑶两种样式。

（2）茶山瑶发饰：女子头饰大体上有四种样式：第一种银钗式。银钗式风格独特，成年妇女的头饰，用三块长约一尺二寸、宽约二寸、重一斤至一斤四两的银板弯成弧形顶戴头上。第二种是银簪式。头上梳成古代仕女似的发髻后，插上一支四齿大银簪。第三种是竹篾式。发髻上罩一个用竹篾（现代或用铁皮代竹）弯成高大约一寸、直径大约为三寸的圆圈。第四种是絮帽式。絮帽式发簪上均罩有头巾，头巾的一端接有棉纱絮，包头时叠成帽状。

（3）花篮瑶发饰：女性习惯将头发分成三股编成麻花辫，与脑后的头发一起挽成发髻盘于头顶，分别用两根三角形的银簪固定。然后在头顶用黑色和白底蓝纹的两块布作头帕，黑布边缘挑绣上红线条和二方连续图案，主要遮住头部。最外层为两端挑绣有红黑相间的几何纹且带有长穗的家织白底蓝纹布，内外两块布挽结于后面用银簪卡紧，前额开阔，顶部略大，戴在头上，黑布遮眉盖耳。

（4）山子瑶发饰：妇女发髻盘于头顶，盖上一个银制头冠，用红绒线缠住，再覆盖一方绣花头巾，缀以五色彩珠。红火火的头饰美丽极了。

（5）坳瑶发饰：非常简洁，呈梯形。坳瑶女子称它为竹壳帽，竹壳帽是用崭新雪白的嫩竹壳折制而成，帽上插小圆如星的头针数枚。

茶山瑶支系女子发饰

坳瑶支系女子发饰

盘瑶支系女子发饰

「裳　·　识」彝族服饰｜琳琅满目彝族装

人死一只虎，
虎死一枝花。
崇尚火的民族，
琳琅满目的服饰。

　　广西彝族有居住在隆林各族自治县的黑彝、居住在那坡县的白彝和红彝三个分支。

服饰

　　彝族黑彝支系女子身穿镶边或绣花大襟右衽上衣，领口、袖口、襟边、下摆边缘镶有蓝色、红色、白色宽布条或彩色丝绒织成各种图案，衣领中部纽扣处钉有银花装饰；裙子用红色、黄色、白色等色彩鲜艳的棉布或羊毛布缝合成三节，上节为裙腰，中节成筒状，下节成皱褶，俗称"百褶裙"；青年女子或已出嫁而未生育者用青色或黑色布折叠成瓦式头帕，并压以发辫；腰配三角荷包，下缀五色飘带。中老年女子服饰颜色没有青年人艳丽，一般为黑色、蓝色、灰色，用黑色头帕裹头。

　　彝族白彝支系女子上穿翻领对襟白色短衣，衣长至腰，领口、袖口以花边装饰且镶嵌圆形银牌和银扣。内穿格子布胸兜，胸兜用花格布制成，正面呈梯形。胸兜的下底边略长于穿着者半腰围，胸兜的上底边宽略大于穿着者颈脖的直径，颈脖下面装饰有一块方形银质领牌。上端两角分别系两条锦带（彝语称"朵比"），翻过肩膀，于后颈相扣，垂挂到臀部。整个胸兜前后色彩缤纷，熠熠生辉，给人一种奇异的美感。下穿宽脚中裤，裤长及膝，腰配彩色大腰环，头缠黑色或细格布头帕。

那坡县彝族女子服饰

隆林县彝族现代女子服饰

那坡县彝族女子服饰

隆林县彝族服饰

「裳 · 识」花苗服饰 | 霓裳浅艳自何从

深居大山幽谷处，
峰峦叠嶂郁葱葱。
屋舍交错云飘渺，
人杰地灵技艺高。
乱花渐欲迷人眼，
花团锦簇一支秀。

花苗，苗语称"孟邹（Hmoob Ntxaug）"，含有"花"的意思，它是一个独具特色的苗族支系，是隆林各族自治县苗族六个支系之一，他们的称呼是因为穿着的服饰刺绣精致繁多，色彩鲜艳，繁花似锦而得名。

发饰

（1）发式：花苗的弯月发式独具特色，据说是祖先传承下来的标志，蓄发梳理时用黑布将棕皮缝制成一弯月牙状，立于前额顶处并绑好，再将垂下脸部的长发往后翻裹，形似一个无遮掩的高檐帽斜戴于顶，最后用一块折叠的头帕把弯月牙紧紧裹在头上。

（2）上衣：直领对襟上衣，下摆造型非常独特，前片比后片长，犹如两条长长的燕尾，穿着时两下摆往腰处交叉缠绕后两片下摆呈倒梯状，着装时可根据喜好让其外露或藏于裙内。

（3）围腰：分为前围腰和后围腰，前围腰是比百褶裙长，后围腰是一块正方形，整块满是刺绣，围腰除可作装饰外还具有实用功能，可做一个小口袋，方便劳作。

（4）百褶裙：青布蜡染花裙，印有各式花纹。

（5）花带：用有色麻织布做底，两层对折缝制而成，中间和两端均挑绣着彩色的十字绣花图案。端口处垂有各色彩珠，穿着时腰带中间有图案处位于腰中两端线绕至腰后打结，然后，再把两端绕腰带一圈，起固定作用，两端垂下至裙底摆处。

（6）绑腿：为布条缠绕式结构，均为长方形的长条状，采用黑色棉布的斜纹制成，斜角布纹易于伸缩，穿时交叉缠绕最后再在外层系上花织绑带。

花苗支系妇女服饰

广西隆林花苗支系服饰

「裳 · 识」素苗服饰｜粉彩蝶黄 摇曳飞来

斑斓的色调，

简洁的纹饰，

素苗不素。

　　素苗是隆林各族自治县苗族六个支系之一，是苗族中的"少数民族"，自称"答孟""哉姜苗"或"哉专苗"，苗语叫"Hmoob Npaig"。素苗服饰为贯首型德峨式，采用天然麻线为原材料，从纺线、织布到蜡染、刺绣，全部为手工制作，绚丽多彩，美不胜收。

服饰

素苗女子喜欢在上衣刺绣，裙长至脚腕，多为黑色土布或素色布料制成，腰间常系一条黑色围腰。衣服保留古装式，衣领翻向两肩，两边滚上白布条约五六厘米宽，从上往下套，内外两层，外层背后绣上小方块的图案，长至腰部，前面短至裙头，系上腰带扎紧。

素苗男装为长衫式，腰间系带，前面系上腰带装饰。平时穿黑衣和蜡染素长裙，腰间常系一件黑色围腰。几个苗族支系的男人服饰都是对襟开的上衣，裤子是很宽的唐装裤。头上包扎黑色的头帕，扎成圆圈，头帕约长 3.3m，宽约 0.5m。平时扎一条，逢喜事、节日时扎两条。衣裤为黑色，布质粗而密。

素苗支系妇女服饰

素苗节

素苗支系少女服饰

素苗支系少女服饰

「裳 · 识」苗族女子发饰｜耳鬓如剑戟

秦汉间说，
蚩尤氏耳鬓如剑戟，
头有角，与轩辕斗，
以角抵人，人不能向。

　　说到苗族发饰，正如她的分支一样少说十几种，细分可以有百种。然而，给大家印象最深的应该还是那个银光闪闪、泠泠作响的精美头饰。其实苗族男女都喜佩戴银饰，尤以青年妇女为最。银饰目前仍是青年妇女的主要装饰。

传说

银角是苗族妇女头上佩戴的一件珍贵的装饰品。传说在有些地方的苗族，女子们头上戴的银角，是源自古代战争时祖先为抵御外敌而专门设计的头饰。而苗族仍在流行的角冠银饰等绝不单纯是对祖先头饰的简单模仿和保留。在苗族的社会生活中，充满着各种形式的祭祀活动，而在各种祭祀对象中，祖先被视为至高无上的神祇。从更深层的文化含义上说，角冠正是这种崇拜意识的典型物化。

而在苗族古歌中，传唱是枫木生出了蝴蝶妈妈，蝴蝶妈妈生下了12个蛋，由鹊宇鸟孵化出苗族的祖先姜央等12兄弟。苗族银饰以大为美的艺术特征是不言而喻的。

融水苗族自治县苗族现代头饰

融水苗族自治县苗族传统银头饰

融水苗族自治县苗族现代头饰

「裳 · 识」白苗服饰｜百花丛中一抹素雅

清风曼徐柳清影，
淡雅芳慧莲伊人。
蹙眉浅笑梅欲放，
紫嫣素灵薰红颜。

　　白苗是隆林各族自治县苗族六个支系之一，自称"孟漏"， 苗语叫"Hmoob Dawb"，有"白色"的意思，是根据该支系妇女穿着用雪白的麻布制成且不染色不绣花的百褶裙子而来。

锦绣 JINXIUGUANGXI

服饰

1. 白苗女服

（1）头巾：平时盘发于头顶，穿盛装时则包一条或两条头巾，裹成筒形，在脑后系紧。其上饰满各色菱形花纹。

（2）上衣：上衣短，对襟开，不用纽扣，蓝色（现在有各种颜色），向后翻领，不绣花边，两袖绣有两道花边。通常用腰带束在腰间。

（3）腰带：腰带平时束 4 ~ 5 条，逢喜事或走亲戚束 15 ~ 20 条。

（4）裙子：白苗妇女的裙子仅长到膝盖，用纯白麻布制成。裙长是隆林各族自治县六个苗族支系中最短的，一般齐膝盖，衣、裙之间用 1 ~ 5 条腰带系束，前面系一条五六寸宽的围腰，拖近脚面。围腰用黑布作底，面上绣有红、白、绿等颜色的条形花纹。

（5）绑腿：便装时用黑布缠成绑腿，盛装多用彩色满绣的绑腿。

2. 白苗男服

白苗族男服多青黑色，简洁大方，体现了这个民族朴实无华的性格。

白苗支系少女服饰

白苗支系女子·服饰

白苗支系男子·服饰

「裳 · 识」清水苗服饰｜清水出芙蓉

清水出芙蓉，

天然去雕饰。

清水苗是隆林各族自治县苗族六个支系之一，自称"蒙濮"， 苗语叫"Hmoob Pwg"。清水苗的服饰很有特色，蜡染是其最大的特色。

服饰

　　不同支系的苗族服饰有着各自的特征，也反映这个支系的习俗文化。清水苗服饰代表着了本民族的特色，其妇女服饰是上衣下裙，系挑花围腰。

　　（1）上衣：一般是天蓝色，右侧开扣，衣领周围绣有三条彩色图案，袖短，盖过臂肘三寸，衣袖绣有八条不同颜色的花纹，袖口有一小条花边 。

　　（2）裙子：青布蜡染花裙，长至小腿肚，分成上下两部分，色彩层次分明，上节约五至六寸长，布纯白；下节约一尺二寸长，蜡绘的花裙，线绣花边。

　　（3）腰带：腰间用一两条宽约五寸，长约六尺的黑腰带扎紧。

　　（4）头饰：头发短少者添假发绾成螺壳形，用银钗别在髻上，头巾多半是黑色，每条约五尺长，把它折叠成一寸宽缠绕在头上。平时绕一条，逢喜事或走亲戚时则绕两三条，缠绕成草帽式的螺旋状。

　　（5）绑腿：用一根宽两厘米、长约两丈的白布带作绑带，裹小腿至膝。

清水苗支系蜡染成品布

清水苗支系少女服饰

清水苗支系服饰

清水苗支系服饰

「裳 · 识」红头苗服饰｜桃花争红色空深

桃红艳李，
一枝独秀。

　　红头苗是隆林各族自治县苗族六个支系之一，简称"红苗"，苗语称为"孟林""孟论""孟令"或"受论"，是根据过去该支系的男子爱戴红色手帕、女子的裙子喜绣红线而得名。红头苗女装，是隆林各族自治县苗族各支系中设计最为复杂，采用颜色多样而最突出红色，盛装时如山茶花开放，绚丽异常。

服饰

（1）头帕：一般男子头帕是黑色的，妇女头帕是黑白两个颜色的。净白或白底绣花，妇女的头帕用宽一尺、长五尺的布整齐叠成宽三寸的条形，戴的时候里层是白布，外层则是黑布，固定于头顶。每层大概在头上绕三圈。

（2）衣服：衣服用蓝、灰、白等各色布，无纽扣，略露胸上部，后领绣有一块正方形凸出的厚布衣领。衣袖均绣有二至三道花边，正面开襟。

（3）腰带：红头苗妇女的腰带是四至八条同等长宽的黑布，两头绣上五寸宽的花边，有尾须，但20世纪80年代以后和裙子一样长的有8～16条边。

（4）裙子：分三节，中间一节为主，是用长二丈、宽一尺白色麻布，经过精心的蜂蜡绘制图案形成统一花样后，绘制好的布染成黑色再经过煮沸脱蜡形成的花布；裙摆是裙的最下边一块，一般为长五寸、宽二丈长的黑色麻布，用白、红、黄三色毛线经过精心刺绣而成。将以上两块缝在一起，折叠成无数褶皱形成百褶裙，再按个人腰的大小缝腰片。

（5）围腰：红头苗围腰是穿好衣服、裙子束好腰带，最后束在腰间最外的一块比裙子长五至六寸、宽一尺的精美绣片。

（6）裹脚：一张三角形的黑布缝上花边。

红头苗支系妇女服饰

隆林红头苗妇女晒挑花布条

红头苗支系妇女服饰

红头苗支系妇女绣花

「裳 · 识」偏苗服饰｜虹裳霞帔 钿璎累累

> 潋滟衣裳，
> 白玉似人。

　　偏苗是隆林各族自治县苗族六个支系之一，自称"孟沙"或"孟夏"，亦称偏头苗。根据《广西西隆县苗冲纪闻》记载："偏苗，其妇女结发髻于头偏右得名，髻上插小木梳"。也有人称偏苗为黄苗、边苗和变苗。

服饰

（1）头巾：头巾分为未婚和已婚两种。未婚者都是从商店买回的花头巾做包头，在家时经常包几条，赶圩、走亲戚、过节日时包8～9条。已婚妇女包头为黑布巾，用一条白色或灰色飘带束紧。

（2）上衣：上衣短至腰间，分前后两片，侧开扣，侧开襟部分有一条花边。盛装上衣结构大致和常服上衣一样，不同点在于，色彩相当艳丽。

（3）百褶裙：偏苗百褶裙众多裙类不同，从前一般都是自己制的麻布加工而成，现在一般都是在商店买好布料来缝制。素雅简洁，色泽较深，花纹图案不多，但显得古朴端庄。下着半筒半褶蜡染长裙，长过小腿，褶纹在两侧，前面系 条围腰，平行下垂两条细彩带，裙子由上到下由两节制成，上节裙头是蜡染花布，下节裙是一块宽幅黑布，滚压两道红白彩线，据说是奔流的江河，上下节裙用一条刺绣饰布连接，衣裙分开，不系腰带，不束腰，体态显现宽松粗犷。

（4）绑腿：用白布做成。

偏苗支系老人服饰

偏苗支系妇女服饰

偏苗支系妇女服饰

偏苗支系男子服饰

「裳 · 识」苗族百褶裙｜染彩于蓝的优雅

凤尾如何久不闻，
皮绵单袷费纷纭，
而今无论何时节，
都着鱼鳞百褶裙。

　　百褶裙，是指裙身由许多细密、垂直的皱褶构成的裙子，少则数百褶，多则上千褶。它美观、漂亮，但制作比较复杂，深受苗家妇女的喜爱。

服饰

苗族的百褶裙制作工艺精湛，皱褶细密、繁多，有的可达千褶以上。而且裙身纵向挺直、横向富有弹性，上面还绣有五彩缤纷的图案花纹。

隆林苗族的百褶裙，是采用植物苎麻加工纺织成土布，经碾压、蓝靛、蜡染、刺绣等工序制成。百褶裙整体分为裙腰、裙摆、裙边三个部分，裙腰以厚重的土白麻布来锁定，裙摆以图案各异的手工蜡染布衬托，裙边是刺绣精美的花边带，三者一体，给人以端庄、美丽、细腻的感觉。

素苗的百褶裙，用靛染麻布加挑花花边制成。质地厚重、朴素大方，走路摆动时韵味十足。

花苗的百褶裙，纯用蜡染布制成。将一幅长数丈的布，用线横穿、拉紧，横向缩短变成褶群，上裙腰后将线抽出，就成了裙子，简洁大方。

红头苗百褶裙用毛绒彩线绣成花边，缝制在百褶裙上，色彩鲜艳，美丽夺人。

红头苗支系少女百褶裙

偏苗支系少女百褶裙

花苗支系蜡染百褶裙

清水苗支系百褶裙

「裳 · 识」苗族百鸟衣｜穿在身上的苗族史诗

犹记昔日定情物，
百鸟今分为谁鸣。

　　百鸟衣能在霓裳羽衣盛行的唐代博得一席之地，不仅因为它"卉服鸟章"的美丽，还因为它所承载的深厚内涵。苗家女人在一生中，通常只会做一两件百鸟衣，对她们来说，百鸟衣是出席婚、丧、嫁、娶等民俗活动的重要"礼服"，与其说百鸟衣是一件衣裳，还不如说它是一种精神图腾。

服饰

　　百鸟衣为长衫绣衣，由背、肩、袖口、前胸、后背、前后摆片和衣脚的羽毛束等十几个板块构成。整件衣服集平绣、堆绣、打结绣、破线绣、钉线绣、辫绣、马尾绣等手工绣技艺艺术为一体，做工时间需 3 ~ 5 年。配以红色、黄色、蓝色、黑色、白色等各种丝线绣出五彩斑斓的图案，每一幅图案都体现一只或几只写意形鸟图案，底布以土布为基调，每一板块均以茧片作白底。各个图案的鸟形状千姿百态，有抽象的、有几何图案的。

融水县杆洞乡杆洞村苗族百鸟衣

融水县杆洞乡杆洞村苗族百鸟衣

融水县杆洞乡杆洞村苗族百鸟衣

融水县杆洞乡杆洞村苗族百鸟衣

「裳 · 识」壮锦│机杼上织出的智慧

锦者，金也，

以其用工重，价如金，

故字从金帛。

织锦为织的最高阶段，是一种贵重而精美的丝织物。壮族民间多用斜织机织锦，用自纺的细白棉纱线作经线，没有加捻的彩色丝绒线作纬线，相互交织而成。所织花纹主要是几何对称纹，结构简单，花纹循环较小，闪烁着智慧的光芒。

锦绣
JINXIUGUANGXI

纹样

　　传统壮锦图案纹样有蛇纹、蛙纹、鱼纹、鱼骨纹、太阳纹、鸟纹、凤穿牡丹、狮子滚绣球、万字夹菊梅纹等。壮锦的图案构成大多以菱形为框架，中间织以各种花纹。图案构成的样式有三种：第一种是平纹上织二方连续或四方连续的几何纹，组成连绵的几何图案，明快而单纯。第二种是以动植物图案为主纹，几何图案为地纹，组成多层次的复合图形，主题突出，层次丰富。第三种是以各种几何纹大小交错，各色丝线相互衬托，编织成繁密而富于韵律感的复合几何图案，有热烈和谐之美。

　　历经一千年的发展，以壮锦艺术为典型代表的广西民族织锦艺术已成为我国传统民间艺术的重要组成部分。壮锦在广西各族人民长期的劳动生产活动中，不断衍变出新的纹样，强烈地反映了壮族人民对生活及对本民族文化的热爱和崇敬，渗透着民族文化的乐观精神，表达出真诚的情感，凝聚着壮族人们对美好生活的向往。

壮锦

广西宾阳壮锦

广西宾阳壮锦

广西龙州壮锦

「裳 · 识」壮绣｜针尖下的舞蹈

壮族妇女飞龙走凤，

倾注自己心血绣成，

五彩斑斓的艺术品。

　　壮绣是刺绣的一种，至今已有上千年历史。壮族刺绣主要用五彩丝线或绒线在衣服、围裙、头巾的边缘或鞋面上刺绣，除用于装饰衣着外，还用于背带、门帘、被单等面料上的装饰。

纹样

　　壮绣的图案是抽象的，内容包括花、鸟、虫、鱼、兽、人，特别是壮族的吉祥物凤凰、青蛙等。刺绣花纹多为含有吉祥意义的荷花、麒麟、葫芦、花卉和福寿等图形，并以水波纹、方格纹、云雷纹等相称。而最常见的便是太阳纹，因为太阳自古以来都是壮族崇拜的图腾。刺绣构图合理巧妙，色彩斑斓绚丽，寓意丰富深刻，充分表达了壮族妇女精巧的手艺和典雅的审美情趣。

广西乐业逻西乡巴劳村所绣屯壮绣

广西贺州八步南乡壮绣

「裳 · 识」瑶绣｜十字排花满乾坤

广西少数民族文化，
在中国博大精深的文化中，
闪耀着它璀璨的光芒。
它古老的历史流传至今，
祖祖辈辈，一代一代，
它的光泽不会褪去，
因为这向上的朝阳，
它将更加耀眼。

　　瑶绣是中华民族传统手工刺绣的一种，是我国刺绣文化的重要组成部分。瑶绣历史悠久，刺绣工艺精致细巧。刺绣的图案、花纹的颜色都有一定的规定，用布也很讲究。

锦绣 JINXIUGUANGXI

纹样

　　瑶族的挑花刺绣工艺精致细巧，女性6~7岁就习作挑花，长大成人时，已成为刺绣的能手。瑶绣花纹图案的取材，主要有表现树木花草、飞禽走兽的，有表现云霞水纹的，也有表现几何形和文字形以及人物形象的，名目繁多。而且各支系有各支系的花纹图案，真是千姿百态，鲜艳夺目，令人称奇。多在黑、深蓝或青蓝布底上，用红、白、黄、绿、橙等色丝线，以十字绣或错针绣等多种技法，绣出丰富的花纹，既有简单的几何图案，也有彩蝶双飞、游鱼戏水等纷繁形象，全部由手工制作，色彩鲜艳而雅朴，构图明晰而多变。

瑶绣

瑶绣

大板瑶、花头瑶男道公服刺绣

花头瑶刺绣

「裳 · 识」苗绣｜巧施银针天工技

"人比人，花比花"，
个个苗女会织花，
五色彩线，
数着底布上的经纬线。

融水苗族自治县苗族女子十分擅长刺绣，无论平绣、绉绣、结绣、缠绣、抽纱、打子等都难不倒她们。她们将构图所思于心，随手便可绣出日月星辰，飞禽异鸟。绣出的图案艳丽多姿，色调和谐，花纹精美，图案细腻。

纹样

刺绣是苗族妇女的特长，很多作品都技术高超，造型奇特，想象丰富，色调强烈，风格古朴的特点。苗族刺绣图案色调多种多样，松桃地区以花、鸟、虫、鱼为主，喜欢用粉红、翠蓝、紫等色，较为素净。黔东南多以龙、鱼、蝴蝶、石榴为图案，喜欢红、蓝、粉红、紫等色。自然界的许多物象，如动物类的龙、麒麟、狮子、鹿、猴子、狗、猫、喜鹊等与植物类的松、柏、枫、桃李、牡丹、葵花等都成了他们借以表达自己的生活情感，反映内心美好憧憬的对象。有的则直接采用福、禄、寿、喜、康等文字来表达，表现人们向往自由繁荣的幻想境界，如配以一些几何图案或象征性的地图，显示一些氏族祖先迁徙的路线，起着记叙历史的特效，既有装饰的美感，又有铭记祖先的意义。

苗族女童帽饰刺绣(郎维摄)

女童腰饰苗绣

苗绣

背带苗绣（郁良权摄）

「裳 · 识」侗族刺绣｜花鸟虫鱼身上飞

柳拈金丝花吐珠，
彩线圈出葵花圆，
花绘芙蓉浓艳吐，
绣春四时晴方好。

　　三江侗族自治县侗绣有着悠久的历史，在唐宋时期，侗绣就以其花色精美而著称，被人赏识。侗绣风格独特，自然、朴素、大方，以三龙侗绣为代表，独具民族特色，是侗族人民智慧的结晶。

纹样

  侗绣有的非常简单，有的却比较复杂。侗绣的底布是侗族人自己织出来的侗布，以前的用线也是自己纺出来的线，由于自己织出来的线粗细不怎么均匀，加上颜色比较单一，现在侗族人基本上使用丝线，有的还用毛线。针是普通的手工针。侗绣的图案内容以花鸟鱼虫及几何图案为主，有的还绣有祥云、人物、建筑图案，多用于衣服的襟边、袖口以及背带、头帕、鞋子、围兜之上，现代的侗绣还进行一些更大胆的创新，绣有非常时尚的元素。

侗绣

侗绣

「裳 · 识」仫佬族刺绣｜低调的美丽

巧夺天工，
低调美丽。

仫佬族是我国人口较少的一个山地民族。大多数家庭妇女都会刺绣，她们绣制的工艺品图案丰富多彩，寓意深远。广西罗城仫佬族自治县四把镇双寨村中寨屯仫佬族刺绣传承基地里，仫佬族的绣娘们齐聚一堂，巧手绣出各种美丽吉祥的绣片。

纹样

　　仫佬族刺绣分为平绣、剪纸绣和马尾绣三种，是仫佬族传统民俗文化的代表之一，图案丰富，意义深远。秀出的物件有背带心、帽子、服装、围裙、腰带、绣花鞋、床头套等纯手工工艺品，图饰有太阳、双鱼、祥云、麒麟等各式各样古朴庄重的图案。三种绣法中最难最具艺术价值的当属应用于民族服装的马尾绣了。马尾绣用料考究且工艺繁杂，一般而言，先取马尾四根做芯，用手工将白色丝线紧密地缠绕在马尾上，使之成为类似低音琴弦的预制绣花线。再将白丝马尾芯的绣线绣于已经描绘好花纹轮廓上。然后用彩色丝线编制成扁形彩线，填绣在花纹的轮廓中间部位。最后按照通常的平绣、挑花、乱针、跳针等刺绣工艺绣出其余部分。光制作马尾芯线就要花上数月的时间，最后的成品古色古香，华美精致，结实耐用。

仫佬族刺绣

仫佬族刺绣

民·俗

「民 · 俗」壮族蚂拐节｜祈求风调雨顺

农家无五行，
水旱补蛙声。
岁岁风调雨顺，
年年五谷丰登。

　　壮族传说认为蚂拐是掌管风雨的雷神的儿子，并把青蛙称为蚂拐，红水河沿岸的壮族人民通过祭祀蚂拐，祈求年年风调雨顺，岁岁稻作丰登，四季人畜兴旺。

传说

在民间流传一个关于蚂拐节的故事：相传很久以前，有个叫作东林的孝顺青年，母亲死后，悲伤的他在母亲灵柩前守灵，然而屋外的蚂拐并不理会他的悲伤，一直"呱呱呱"地叫个不停，惹恼了因丧母而伤心的东林，东林一气之下，煮了一锅开水，用开水把青蛙浇得死的死、伤的伤、逃的逃。从此大地上没有了蛙声，日头红似火，天旱地裂，人间便开始大祸临头。东林吓坏了，去求神祖布洛陀和神母米洛甲，布洛陀和米洛甲告诉他说蚂拐不是凡间之物，它是天上雷神的儿子，它一叫天才降甘霖，东林必须向它赔礼道歉。于是东林赶紧在大年初一敲起铜鼓，请蚂拐神回村过年，又请千人为死去的蚂拐送葬。于是，人间又得到蚂拐神的保佑，风调雨顺。因此，在每年的新年春节到来之际，这里的壮乡村寨都举行一次隆重热烈的蚂拐节歌会，敲锣打鼓，跳蚂拐舞，唱蚂拐歌，共庆丰收，祈求来年风调雨顺。千百年来，这个以祭祀蚂拐为主的节日逐渐演化为一种传统活动传承下来。

壮族蚂拐节——戴面具表演蒙昧时代的先祖

壮族蚂拐节—抬青蛙棺材游村

壮族蚂拐节—跳舞模仿插秧

133

「民 · 俗」壮族陇峒节｜琴瑟歌舞祈树神

陇峒欢歌迎盛世，
古琴喜奏庆丰年。

　　"陇峒"（loengz doengh）是壮语，汉语记音为"侬侗""侬垌""隆峒""陇端"等。"陇"即"下去""前往"之意，"峒"是指广阔的田野，"陇峒"就是到田峒祭祀天地祈求丰年的意思。壮族是聚峒而居的族群，一个或几个自然屯即可成为一"峒"，峒后来还发展成为壮族的行政单位，正如明代邝露《赤雅》所言："壮人聚而成村曰峒，推其长者为峒官。"

来源

　　陇峒节由来已久，早在公元九世纪，即进入汉文古籍记载。唐代段成式撰的《酉阳杂俎》续集《支诺皋上》记述的《叶限》故事中，就有"吴洞"地方的人们赶"洞（峒）节"的记载。关于"吴洞"的位置，据壮史学家白耀天考证，在崇左的江州一带。而另一位壮学专家潘其旭则认为，据《元统一志》明确记载，吴洞位于迁隆寨（现宁明县），向"西至古万寨吴峒界一百里"。按此地望和里程判断，唐代的"吴峒"，正是在今龙州县境是无疑的了。《叶限》故事中的"洞（峒）节"，就是峒民一年一度举行的隆重节日——陇峒节。

壮族陇峒节—广西龙州县金龙镇板送村师公巫婆

壮族陇峒节—广西龙州县金龙镇板送村天琴弹唱

「民 · 俗」壮族三月三 | 情意绵绵把歌唱

借问先生哪里来？
自古山歌从口出，
哪有山歌船载来？
山歌又好声又靓，
画眉难比妹歌声。

　　农历三月三是壮族传统的歌节，各地都举行歌圩活动，因此，三月三日也被称为"三月三歌节"或"三月三歌圩"。当天人们会去赛歌、赏歌、踩风车、荡秋千、演壮戏等，也会为已故的亲人修整墓碑。当山歌唱起，此起彼伏，一场热闹的视听盛宴就开始了，通常青年们会摆歌场欢唱山歌，欢庆时间为三天。

传 说

　　关于壮族三月三，有"赛歌择婿"的传说。相传很久以前，有位壮族歌手的闺女长得十分漂亮，唱的山歌奇妙动听，老人便希望能够为女儿挑选一位歌才出众的青年。听到这个消息的青年激动不已，纷纷赶来赛歌求婚，从此就形成了定期的赛歌集会。为什么三月三还会有人祭扫呢？相传古时候，有一个老人家没有子嗣，后来救了一条受伤的小蛇。小蛇感恩，伤好后仍然不肯离去，老妪便对小蛇说：人畜有别，我们人是没有尾巴的，你若想跟我在一起，就要舍弃你的尾巴。后来老妪就把小蛇的尾巴斩掉一小截，小蛇的尾巴变短了，于是人们把小蛇叫作"特掘"，老妪把特掘当成儿子一样养着。后来老妪年老去世了，邻居们把老妪入殓后，便对小蛇说："特掘呀，特掘，她平日里视你如己出，她走了看你怎么给她尽孝。"小蛇仿佛听懂了人话，忽然风雨大作，一阵狂风就把老妪的灵柩和小蛇一起卷到了大明山的最高峰上面去了。那时正值三月三前后，后来每逢这时，大明山地区出现极端天气，暴风雨或者下冰雹，当地的人认为是特掘回来扫墓祭拜他妈妈了。之后便有了壮族人传统扫墓的时间定在三月三。人们会在三月初一，采枫树枝插在门缝和窗缝上，三月三的时候还会做五色糯米饭祭拜自己的祖先和龙母庙。

壮族三月三—南宁郊区那马镇唱山歌（李桐摄）

壮族三月三—乐业县新化磨里村唱山歌

壮族三月三—五色花糯饭

壮族三月三—田东县仰岩壮族暸歌歌圩

「民 · 俗」布洛陀歌圩｜唱响创世史诗

布洛陀，
无事不知晓的老人，
壮族的创世神。
远古走来，
唱响创世史诗。

　　"布洛陀"是壮语的译音，指"山里的头人""山里的老人"或"无事不知晓的老人"等意思，是壮族先民口头文学中的神话人物，是壮族的创世神。田阳县百育镇敢壮山布洛陀歌圩是中国最大的歌圩，历史久远。

传说

　　"布洛陀"是壮语译音，"布"是尊称，壮族人对本族最受尊重的长者称为"布"，就是汉语中"公公"的意思，"洛陀"为名字，"洛"壮语的意思是"懂得"，"陀"的意思是"多"。"布洛陀"合起来就是"懂得很多知识的长辈"。传说中被尊奉为壮族人文始祖的布洛陀在早期的氏族社会里有可能是一个出色的劳动能手，并具有超常的智慧，被推举为部落的酋长，因此受到部族成员的尊重，并被尊奉为有神奇力量的神。因此，在民间，"布洛陀"是指"无所不知，无所不能"的老祖公，是聪明才智的化身，他开天辟地、创造万物。田阳县位于广西西部，地处右江中游，敢壮山在田阳县城东部约八公里处，这座山积淀着非常丰厚的布洛陀文化，在神话传说中这里就是壮族人文始祖布洛陀生活过的地方。传说农历二月十九是民间传说的布洛陀生日，田阳附近的壮族群众从这一天开始到农历三月初九都会自发前往敢壮山祭拜传说始祖布洛陀，尤其是每年的农历三月初七到初九，前来拜祭的壮族群众都要唱山歌，久而久之，就形成了广西壮族自治区规模最大、历史最古老的田阳敢壮山布洛陀歌圩，成为祭奠壮族祖先布洛陀的活动。

广西田阳县布洛陀歌圩—神秘的壮族麽公草衣火把舞

布洛陀歌圩—敢壮山布洛陀歌圩场面

「民 · 俗」朝里歌圩 | "吼喊"的盛会

朝里歌圩，
"吼喊"的盛会。
以歌代言，以曲传情，
歌者传意，乐于其中。

　　凌云县朝里瑶族乡位于凌云县城西南部30公里处，主要居住着壮、汉、瑶三种民族，那里仍然保存着壮族最古老、最淳朴的民间原生性本土交流文化——朝里"吼喊"歌圩文化。

传说

据朝里那巴屯第十代北路壮剧承传老艺人——闭克坚老人口述：相传宋朝时期的泗城府（今凌云县泗城镇）岑家统治时期，岑家凭着自己的势力，横行乡里，欺男霸女，漂亮的姑娘一般都躲在家中不敢出门，生怕受到侮辱，后来青年男女想出了一个办法，就利用晚上到水源洞（今凌云县泗城镇那甲村百花屯）的门口谈情说爱，对唱山歌，寻找自己的心上人，可是这件事不久还是被他们发现并强行制止，为了避免他们骚扰，青年男女不得不躲到交通闭塞、山高水深的朝里乡六作村那巴屯一带来对歌和谈情说爱，于是，当地人称呼为"吼喊"。在那巴屯一带，特产一种花生、黄豆和糖制成的豆糖拇指大小，白色，硬而脆香。青年男女在对歌、游戏、谈情说爱、寻求对偶时，男青年传用这种豆糖扔到中意的女青年身上，这时被扔中的女青年是绝对不会恼怒的，因为被人扔中越多，说明爱慕的人越多，值得骄傲。豆糖扔到意中人的身上后，如果她回眸一笑才走，说明她愿意和你交谈，这时候就可以跟她谈情对歌了。有的姑娘背着雨帽，豆糖扔到她身上后，如果她把雨帽反过来背，就表示她愿意了，你可以相邀而去；若她不把雨帽翻转，说明她已经有意中人，或者是不愿意。一番试探之后，你情我愿的男女青年就自寻地方对歌交谈。谈不拢的散开再找，谈得拢的，有的相约明年再来，有的男方送豆糖一包，女方回赠布鞋一双，之后大家就可以凭此信物求家长为他们求娶完婚，到了此时，山歌声，嬉戏声，男欢女笑，此起彼伏。从某种意义上来讲朝里"吼喊"歌圩是当地土著民族的"情人节"。

朝里歌圩—凌云朝里歌圩对歌敬酒

朝里歌圩—朝里林下歌圩对歌的壮族男女歌手

「民 · 俗」钦州岭头节｜装扮鬼神跳岭头

八月中秋，

假名祭报，

装扮鬼神于岭头跳舞，

谓之"跳岭头"。

　　岭头节，又称"跳岭头"，它是钦州壮、汉民族村寨为辟邪收妖除瘟、祈求庄稼丰收、人畜平安、保护村屯清洁而举办的一种以舞蹈形式来进行祭祀的节日，是最能体现壮、汉民族文化交流和民族大团结的习俗活动。

从明朝嘉靖《钦州志》（1534年）卷一《风俗志》"八月中秋假名祭报，扮鬼神于岭头跳舞，谓之跳岭头"的记载看，跳岭头流传至今至少有四五百年的历史。据1914年《灵山县志》卷二十二《风俗志》记载："八九月各村多延巫师鬼童于社前，跳跃以编，始入室驱邪疫瘴，亦乃乡傩之遗意也。"这说明"跳岭头"与古代的乡傩有些关系。虽然随着时代的变化和节日的变迁，岭头节已经淡化了民间宗教色彩而逐渐演变为民间娱乐活动，但是"跳岭头"的历史价值和民俗价值值得关注。2006年，"跳岭头"被确定为广西第一批非物质文化遗产。

钦州岭头节—祭祖与拜鬼神

钦州岭头节—跳岭头面具

「民 · 俗」壮族满月酒｜弥月之喜

姑姑家的帽子，

姨姨家的鞋，

老娘家的铺盖搬将来。

为新生婴儿办满月酒已有悠久的历史，生儿育女，是一个壮族家庭甚至家族中的大事和喜事，壮族人认为婴儿出生后存活一个月就是度过了一个难关。这个时候，家长为了庆祝孩子度过难关，祝愿新生儿健康成长，通常会举行满月礼仪式。

风俗

外婆送背带：送背带是在新婚夫妇初次生育儿女满月之时，由娘家把经过精心制作的花背带送到郎家去，以示庆贺。一般由新生儿的外婆带队，一行少则十几人，多则二三十人。包括对老年人的祝寿和对年轻人婚姻、爱情的美好祝愿，还有相当一部分是对背带工艺的赞赏和对送背带的感谢。届时郎家大摆宴席，欢迎各方宾客。背带一般由外婆亲手缝制，同时还要邀请一两个针线艺人参加，一床绣花背带一般要花一个月左右的时间才能完成。娘家在制作背带的时候往往都高度重视，精益求精，这一民间工艺也就因此而得以广泛流传。

分发红鸡蛋：在中国民间流传着这样一首民谣："红鸡蛋，满脸串，今年吃你的喜馍馍，明年吃你的红鸡蛋。"向亲友分发用颜料染红的鸡蛋，是通行于全国各地的一种表达喜庆的方式，红蛋除因蛋形象征圆满无缺外，又取"蛋可孵鸡，鸡又生蛋"生生不息之吉祥意味，因此由蛋做成的食物，都是弥月之礼中最重要的表征。壮族人在孩子满月时分发给宾客红鸡蛋，以示庆贺并图吉祥。

壮族满月洒—外婆送来背带

壮族满月洒—发红鸡蛋

「民 · 俗」那坡壮婚礼｜古老神秘的婚俗

那一袭黑衣，
沉稳而内敛。
象征着他们，
相携手到老。

　　那坡县壮族的婚礼以黑衣、黑裙、黑头巾为礼服，和其他民族的婚礼炫耀着热烈的鲜红不同，他们认为黑色是最高贵最美丽的色彩，经得起岁月的考验。新郎和新娘都会穿本民族认为最美丽、最庄重、最吉祥的服饰，出现在人生中最绚丽的时刻。

风俗

那坡壮至今严格执行族内婚制，但绝对禁止近亲结婚。主要原因是恪守祖先传统遗制，为了保持族群纯"黑"的纯正传统。千百年来，几乎与世隔绝的生活环境，也是族内婚长期存在的原因。迄今为止，黑衣壮青年男女多喜欢在本屯本村找对象，青年男女虽然可以通过歌圩等场合自由恋爱，但结婚必须征得父母的同意，要经过媒聘、定命、纳币等一系列礼仪。婚礼是奇特而有趣的，男方派人带着聘礼去女方家接新娘，婚礼在夜间进行，新娘出家门时，父、兄不能看她出门。新娘出门时要打伞，新娘出门后，不得回头看娘家，更不能往回走，否则，被视为不吉之兆。新娘到了男方家，过门入洞房后，对送入洞房的饭菜，只能象征性地吃一点点。至午夜鸡叫头遍时，新娘必须悄悄地和伴娘返回娘家（无论路途多远）。此后，每个月，由男方的妹妹或姐姐到女方家接新娘去男方家帮工2～3日，小住二三日后，新娘又返回娘家与父母兄弟共同生活。如此3～5年，直到新娘怀孕将要生子，新娘才到男方家定居下来，至此，夫妻始得朝夕相处。那坡壮族奇异而独特的婚俗展示了黑衣壮古朴的风土人情。

那坡壮婚礼—新娘打伞出门

那坡壮婚礼—新娘嫁妆

「民 · 俗」壮族斋醮仪式｜斋坛求否泰

斋坛献秀季秋礼谢求吉泰，
庆境祈苗菊月酬愿保平安。

　　壮族民间信仰巫、麼、道并存，法事仪式通力合作，壮族人通过斋醮活动，祭奠天地，祈求神灵保佑，以保平安多福、六畜兴旺等，大新县下雷镇斋醮仪式充分展示了巫、麼、道合一的独特风景。

　　斋醮吉日由道公决定，吉日当天，巫师、麽公、道公到达坛场。斋醮活动开始，道公进场后，人们开始布置醮坛、摆香案、安香炉、摆祭品，香炉是用碗盛米，碗内放一个红包，香炉旁放酒壶、酒杯、糖果、勺子等祭品，并然有序。道公、巫师、麽公坛场内张贴神符、吊挂、神位，吊挂是用彩纸做成的竖条幅，上面写着祈祷的语句，香案上方的竹笪上贴着一个太极八卦图。道公用柑树叶蘸取从泉水边取来的圣水洒扫坛场，就是荡秽。道公、麽师率众徒和村民扫荡妖魔鬼怪，道徒敲锣打鼓，众人跟随。众人分别扛着用稻草结成并用纸包好的怪兽、驱魔旗，拿着火把、火油、烧火油用的大铁勺、神符，扫荡开始，道公走入大门敲醒木，诵驱邪魔的咒语、画符。麽师念逐妖偈语，撒一把砂粒或玉米粒，大叫大喊着赶妖驱邪出门。扛怪兽和举旗的人大声吆喝转一圈作赶鬼状，然后众人走出大门，道公、麽师走在最后，用手掩门，表示杜绝鬼魅入内。在门口拿铁勺的人在铁勺里点上蜡烛，道公持醒木画符，拿过火油瓶呷一口火油，比画两下之后将嘴里的火油喷向铁勺，火光冲天，表示荡尽了妖魔。贴神符的人把神符贴在门楣上，主人放鞭炮，扫荡告毕。道公和麽师如此挨家挨户去荡魔，全村扫荡完后，大队人马把那只怪兽送到山脚下泉水边烧毁，荡魔结束。

壮族斋醮仪式——斋醮场地

壮族斋醮仪式——人们在包神米

壮族斋醮仪式—巫公巫婆

壮族斋醮仪式—驱邪祈福

「民 · 俗」壮民劳作｜笑歌声里来劳作

田家少闲月，五月人倍忙。
夜来南风起，小麦覆陇黄。
妇姑荷箪食，童稚携壶浆，
相随饷田去，丁壮在南冈。

壮族人民辛勤劳动，田间泥土的芳香，耕耘出壮人美好的未来。

锦绣
JINXIUGUANGXI

劳作

在那一片青山绿水下，天空高远而明净，欣欣向荣的林木和萋萋摇绿的小草，蔓延成一片碧绿的原野。壮族人民辛勤劳动，春种夏灌秋收冬藏，四季时令，都随处可见勤劳的壮民在广袤的田野上劳作，农家小院，田间地垄，饱含着农民们的汗水，孕育着来年的希望，辛勤劳作的壮民与自然构成了一幅生态和谐的美丽画卷。

龙胜各族自治县在田间农作的农夫

在稻田里插秧的巴马瑶族自治县那社乡壮族妇女

「民 · 俗」白裤瑶正月节｜辞旧迎新的盛会

载歌载舞庆团圆，
辞旧迎新喜开怀。

　　每年正月最后一个街日（圩日、赶集日），南丹白裤瑶族同胞称之为"正月节"或"年街节"。每到这天白裤瑶同胞会举行各式各样原汁原味的风俗活动来热热闹闹地度过他们旧年的最后的这个节日。

景象

　　每到正月节这天，走进广西南丹县里湖和八圩两个瑶族乡的村村寨寨，可以看见这里的白裤瑶同胞穿着盛装，形成一道亮丽的风景线，带着他们喜爱的陀螺、铜鼓等器物，不约而同来到正月节所在地——里湖瑶乡的里湖街乡政府，大家欢聚一堂，敲锣打鼓，载歌载舞，还有一系列如打陀螺比赛、鸟枪射击比赛、吹牛角比赛、斗鸟比赛、斗鸡比赛、桌球比赛和唱唱细话歌等有趣的赛事，热热闹闹地度过他们旧年的最后的这个节日。对白裤瑶民族而言，正月节是旧年和新年的分水岭，只有过完正月节，旧年才算结束。因此，白裤瑶民族很看重这个节日。这一天，除了年老走不动的、生病的不能到场外，其余人人小小的白裤瑶男男女女，都会把平时压在箱底的盛装穿上，然后成群结队来过正月节，他们从白天一直玩到第二天凌晨才离去。

白裤瑶正月节——敲鼓的男子

白裤瑶正月节—看谁的陀螺转的时间最长

白裤瑶正月节—南丹白裤瑶舞蹈

白裤瑶正月节—南丹县里湖乡白裤瑶赛鸟

「民 · 俗」大板瑶阿宝节｜歌声传情好时光

深情厚谊会情人，

歌声传情阿宝节。

　　"阿宝节"又名"阿婆节""阿波节"，"阿宝"在瑶语中是聚会和约会的意思，是以会情人唱情歌为重头戏，所以"阿宝节"又是生活在十万大山的大板瑶情人相会的日子，也是男女青年结交朋友、物色对象的日子，这个风俗日近年被外界称为大板瑶的"情人节"。

　　"阿宝节"还有另一种叫法是"感恩节"，节日那天，瑶民还会跳起"盘王舞"，又叫"跳盘王"，是祭祀"盘王"还"盘王愿"的意思。据传说，在寅卯二年，天下大旱，木枯粮绝，瑶族子孙被迫离开故土向南迁徙，途中遭遇灾难，紧急中，瑶人许愿求祖先盘王保佑，后族人平安度过灾难，于是瑶族以后就还愿以祭祀盘王，子子孙孙相传至今，因此，"阿宝节"又称为"感恩节"。

大板瑶阿宝节—目送宾朋的大板瑶妇女

大板瑶阿宝节—组织者在山上搭盖凉棚作为活动场地

「民 · 俗」布努瑶祝著节 | 庆丰收报祖娘恩

密洛陀，

"古老的母亲"，

布努瑶的创世之神。

　　"祝著"节，又称达努节、祖娘节、二九节，祝著是瑶语"达努"的译音，瑶语意为老慈母。传说农历五月二十九日是瑶族始母密洛陀的生日，后人出于崇拜，定该日为祝寿日。祝著节带有浓厚的民族色彩和生活气息，展示了瑶族源远流长的传统文化。

　　祝著节的来源民间有多种传说，流传最广的一种是为了纪念始祖母"密洛陀"生日而设的。很早以前，在巍峨的群山中，有两座秀丽的大山，左边的山叫作"布洛西"，像英勇挺拔的勇士，右边的山叫作"密洛陀"，像个拖着长裙的美丽姑娘。两座山每年都要互相靠近一些，经过了999年终于靠到了一起。这天是农历五月二十九日，随着一声巨大的声响，高大英俊的布洛西和亭亭玉立的密洛陀从两山裂缝中走出来，他们相爱并结为夫妻，并且生了三个女儿。时间匆匆流逝，转瞬间密洛陀夫妇已年过花甲，他们让三个女儿各自去谋生，于是大女儿拿着犁耙，来到了平原耕耘，生儿育女，繁衍成汉族。二女儿喜爱看书，于是挑着一担书出发来到了一个僻静的地方，安营扎寨形成了壮族。三女儿扛着锄头，去到了山里开荒种地，安居乐业，成为瑶族祖先。三女儿每日辛勤劳作，庄稼硕果累累，但是，鸟兽地鼠等频繁地祸害庄稼，让三女儿苦不堪言，这时候密洛陀赠给了她一面铜锣和一只猫，敲起铜锣驱散了鸟兽，猫也吃尽了田里的地鼠，庄稼又恢复了喜人的长势。为报答密洛陀的恩情，三姑娘带着丰盛的礼物于五月二十九日为母亲祝寿共庆丰收，从此，瑶族人民将祖娘密洛陀的生日作为庆丰收的节日。

布努瑶祝著节—演奏

布努瑶祝著节—人们挑着红鸡蛋和粽子走亲访友

布努瑶祝著节—男子推杯换盏

「民 · 俗」红瑶晒衣节｜万紫千红的节日

遥知龙胜座梯田，
可睹红瑶盛风俗。
红衣红遍半边天，
晒衣晒出好风光。

　　每年的农历六月六，是龙胜各族自治县瑶族红瑶支系的"晒衣节"。这天，红瑶群众家家户户都把一年四季所穿的衣服拿出来晾晒，杀毒灭菌去晦气，红衣映红半边天，所以把这个节日称为晒衣节。

晒衣节在不同的地方有不同的表现、不同的传说。比如说有的地方相传与乾隆皇帝有关系，当年乾隆皇帝下江南，下雨弄湿了衣服，他在这一天把衣服晒干了，所以就有民间俗语："人晒衣服，龙晒袍"这么一说。有些地方相传跟秃尾巴老李有关系，据说有一户姓李的人家生育了孩子，这个孩子是个怪胎，生下来是一条龙，他父亲觉得不是人，就拿刀去砍这条小龙，一刀就把他的尾巴砍掉了，这条龙就飞走了，但是父亲发现他的孩子其实是一条龙，还是挺想念他的，所以他把仅有的龙尾晒干了，放在他妈妈的衣箱里，等到小龙生日六月初六的时候，拿出来再晒。因此，又有说"六月六"，是龙王晒龙袍的日子。此俗见于300多年前明人沈德符著的《野获编》，说这一天晒衣衣不蛀，曝书书不蠹。文云："六月六日，内府皇史晟曝列圣实录及御制文集，为每年故事。"士大夫家及平民百姓也于此日晒裘衣杂物，以防虫蛀。相传农历六月初六这天阳光最具消毒作用，所晒物品不会起霉，不会遭虫蛀。故民间有俗语说"六月六，士晒书，女晒衣，农襄田"。

红瑶晒衣节——晒衣的女子

纺纱的红瑶女子

红瑶晒衣节—衣服成了最美的风景

红瑶晒衣节—壮观的长发妹在村头集体洗头场景

「民 · 俗」瑶族盘王节｜酬天赐福祭盘王

一个远古的祖神盘瓠，
一首千年传唱的大歌，
一柄世代传承的长鼓，
演绎着旷世经典的礼俗。

　　盘王节，又称"做盘王""跳盘王""还盘王愿""打盘王斋""祭盘古"等，是瑶族人民世代相传、以纪念始祖盘王的传统节日，是以祭拜英雄、祭祀盘王为主要内容的节庆活动。

传说

盘王节的传说中影响最为深远的是"盘瓠说"：盘古时期，高王来侵，平王出榜招贤，谁能取下高王首级，就能与公主结亲。龙犬盘瓠听到之后，摘下金榜，渡海来到高王身边并成为他的亲信。终于有一天，在高王醉酒之时，咬下高王的头献给了平王，最后得偿所愿，与三公主结亲。后来，盘瓠想变成人，公主把它放到蒸笼里蒸七天七夜，最后盘瓠变成了人，只因不足七天七夜，故头上和小腿上还有许多毛未脱落，后来就用布带把头和小腿裹起来。盘瓠变成人后，平王派他到会稽山为王，号称盘王。盘王与三公主生了六男六女，平王各赐一姓，成为瑶族最早的十二姓。有一次，盘王与他的儿子们去打猎，不幸被羊角所伤，跌下山崖死了，尸体挂在一棵树上，儿女们将树砍下做鼓身，剥下羊皮蒙上，制成长鼓来祭奠他们的父亲，他们背起长鼓，边敲边哭边唱，追悼盘王。

瑶族盘王节—吹奏长号

瑶族盘王节—贺州八步区步头镇瑶族民间祭祀盘王

「民 · 俗」花头瑶婚礼 | 妹妹出嫁哥哥背

以歌传情定姻缘，

哥哥背妹出嫁去。

　　瑶家爱唱山歌，以歌传情，以歌择偶，是一种开放的择偶形态。他们可以在节日集会、婚丧礼仪场合、民间定期举行的歌圩等场合谈情说爱。唱的情投意合，双方就互换信物，言定婚事，再由男方或女方找舅父母帮忙提亲，一门婚事就定下了。生活在十万大山深处的防城港市峒中镇瑶族花头瑶同胞的婚礼为我们展示了独特的婚俗。

风俗

　　结婚当天，母亲早早地为女儿打扮，五彩缤纷的彩穗及串珠飘摇摆动，强烈的色彩搭配，使新娘显得光鲜华丽。天还未亮，伴郎新郎随媒人之后往女方家接新娘。女方家在路上提早设路障，媒人需投入"利是"方可通过。新娘家门前有一条拦路绳，还是"利是"方可开路。新郎到了新娘家，由哥哥背着新娘出来与新郎见面，新郎新娘见面时均用帕子遮住脸。见面仪式过后，新郎及伴郎在新娘家吃午饭。午饭后，新娘再次打扮，等待去新郎家。新娘离家时，由兄长或舅父从堂屋背出门。新郎及伴郎在前面引路，到了新郎家外，由男方家的女性背新娘到家门口，新娘进男方家门要跨过一道绳，之后，新郎和新娘一起拜堂，然后新娘进入洞房。

花头瑶婚礼—母亲为出嫁的女儿装扮

花头瑶婚礼—哥哥背妹妹出嫁

187

「民 · 俗」瑶族度戒｜祈福还愿保平安

度师完灯度三戒，

祈福还愿保平安。

　　"度戒"又称"过法"，是瑶族各种传统习俗中独具特色的一种，是讲尤棉、金门方言的瑶族同胞宗教信仰的入教仪式和伦理道德教育的主要方式。瑶族男性一般 10～20 岁期间，都要请道公和师公，按生辰八字翻书选择吉日度戒。这项富有传统宗教成人礼仪习俗除了预示要受宗教的洗礼，净化人的灵魂，消灾灭难之外，更锤炼这个民族不怕艰险、勇往直前的大无畏精神。

经过度戒后，一是启用"戒名"（或法名、教名），平生才能用戒名祈求祖先神灵保佑平安，参加宗教信仰活动，谢世后儿孙才能以其戒名超度亡灵升天转灵名，列入祖先名簿成为祖先神灵，享受其后五代子孙敬献，否则在祖先中没有名位，没有儿孙敬献，就变成游魂野鬼害人；二是受神圣的"十条戒律"约束：即"一戒不得呼天骂地，二戒不准毁骂父母，三戒不得瞒师骗友，四戒不得误杀牲口，五戒不得偷抢害人，六戒不得贪财爱色，七戒不得怒气凌人，八戒不得欺贫爱富，九戒不得贪生怕死，十戒不得陷经瞒教。"瑶族度戒即是进行伦理道德教育，规范平生为人处世的言行，达到禁止"恶心邪欲"的目的，成为安分守己、有道德修养的好人。

瑶族度戒—过山瑶度戒

瑶族度戒—茶山瑶的度师

「民 · 俗」融水坡会｜独特的坡会群

今天太阳亮丽，
今天夜吉祥。
坡会完年关过，
新的一年来。

　　融水坡会是融水苗族自治县苗族人民在春节期间举行祭念祖先、驱邪祈福、传承技艺、庆祝丰收、交流感情、愉悦身心的盛大民族民间传统节日。

传说

从初三到初十七基本每天都有坡会，有的坡会来自优美浪漫的爱情故事，有的坡会来自人们对抗自然的奇闻趣事。关于芒哥坡会，也流传着一个传说：古时候，元宝山古树参天，村寨稀落，猛兽伤人，盗贼抢劫，病魔作怪，这一带苗族同胞生活处于极度凄凉和恐惧之中。为了改变这种状况，吉曼等村寨的老人集中商定，必须把苗族信奉的"芒哥"神请出来保护大家，世道才得安宁。于是就用稻草或芒藤编织成衣，用木头雕刻面具，给一些身强体壮的汉子穿戴，装扮活灵活现的"芒哥"保护神。如有盗贼猛兽来袭，"芒哥"从山上"咿呀！呜呀！"地呐喊而下，对方以为碰上了天神天圣什么的，吓得惊慌失措，丧魂落魄，四处逃命。

融水坡会—芒哥与着盛装的苗族姑娘们

融水坡会—芦笙声此起彼伏

「民 · 俗」苗族跳坡节｜纵情的"闹坡"

围着坡杆转，

芦笙歌舞绚。

跳坡节是隆林各族自治县苗族人民最隆重的传统节日，历史悠久，已被列入非物质文化遗产名录。跳坡在苗语中为"玩坡"之意，也有"斗更"之称，其意为"围着坡杆转"。每年的正月初四到正月十四，隆林苗族彩旗飘扬，锣鼓喧天，从四面八方赶来的各族同胞云集于此，共同欢庆跳坡节。

传说

　　传说古时候，苗族受到外族入侵，发生了残酷的战争。有一次苗族队伍被打散，在年初九时，首领蚩尤派人在一个山堡上竖立一个高大笔直的木杆做旗杆，顶端挂一面战旗迎风飘扬。他又组织一群男女青年围着旗杆、山堡吹芦笙、跳舞、唱歌，声音远扬，被打散的士兵听到熟悉、热闹的声音，就一个个从深山密林里出来，蚩尤就在战旗下召开了决定民族命运的民主军事会议，做出重大决策。选拔将领和勇士，后来蚩尤不幸被敌人谋杀，苗人惨遭挫折，成群结队离开家园。流落各地的苗民非常怀念民族英雄，不论迁徙何处，过年时都在附近山坡组织纪念活动，这一活动久而成俗，逐步演变至今。今苗族跳坡场上那高高耸立的坡杆和上面挂的红布，就是象征当年的旗杆和战旗。坡杆上挂的那壶酒和腊肉象征士兵出征带的水和食物。爬坡杆比赛象征当年选拔勇士的壮举和对力量的赞颂。在坡杆下吹笙、跳舞等活动，就是象征当年用笙歌召唤队伍的重现。爬坡杆夺冠者，允许他挑一位姑娘为妻，是后世人们希望英雄与美女完美结合的理想化和对英雄的奖赏。

苗族跳坡节—红头苗芦笙舞

苗族跳坡节—红头苗少女唱山歌

「民 · 俗」苗年│欢歌乐舞来过年

开怀畅饮贺新年，
苗家老少笑开颜。
福满宅庭人丁旺，
载歌载舞来过年。

　　苗年，苗语称"能酿"，是苗族人庆祝丰收的日子，是一年里劳作的结束与欢乐的开始，是苗族一年中最为热闹、隆重的节日，称"大年"，盛行于广西融水苗族自治县的苗族聚居区。

传说

　　关于苗年的来历，有一个传说。据说很早以前，年只在天上过，所以天上的人天天喝酒吃肉，生活得十分欢乐。由于凡间没有年，所以生活得十分清苦，于是凡间的人想向天上的人要年过，天上的人不给，双方就打了起来，死伤惨重，所以后来迫不得已讲和并立下条约，规定年要先在天上过，然后才能在凡间过。由于天上太宽，所以等到天上过完年的时候凡间已经八月了，所以凡间定九月初过年。年来到凡间的郎利村，郎利人首先在九月第一个卯日过年，然后逐个地方走去，走到哪里哪里就卯日过年，一直到十一月底最后一个卯日，年在凡间才算过完，所以苗年不固定某月某日。

融水——斗马（郁良枢摄）

苗年—迎接同年进村（邰良权摄）

苗年—温馨火塘聊家常（郁良权摄）

苗年—地筒笙歌（郁良权摄）

201

「民 · 俗」侗族大歌 | 来自天籁的声音

这是人与自然的和声，
这是清泉般闪光的音乐。
是人与山水的共鸣，
这是来自天籁的声音。

　　农历"二月二"侗族大歌节是民间自发性活动，主要是祭拜侗族最高保护女神——"萨细"（侗语意为"祖母"）的祈福仪式，每年的这一天，广西三江侗族自治县梅林乡的侗族居民都会穿着艳丽民族服饰以歌传情、以歌会友，大家沉浸在节日的喜庆中，场面非常宏大、热闹无比。

来源

　　侗族二月二大歌节据记载起源于春秋战国时期，至今已有 2500 多年的历史，早在西汉时期，刘向就在《说苑》中，记录了一首《越人歌》。《越人歌》是中国古代使用侗族语言记录的古老民歌，到宋代已经发展到了比较成熟的阶段，宋代著名诗人陆游在其《老学庵笔记》中就记载了"仡伶"（侗人自称）集体做客唱歌的情况。至明代，邝露在其所著《赤雅》一书中更加明确地记载了侗人"长歌闭目"的情景，这是数百年前侗族大歌演唱的重要文献。"汉人有字传书本，侗族无字传歌声；祖辈传唱到父辈，父辈传唱到儿孙"是侗歌传承的真实写照。大歌一般在村寨或氏族之间集体做客的场合中演唱，是侗人文化交流和情感交流的核心内容，在某种程度上体现和传达了侗族文化的灵魂。

侗族大歌 歌唱者

侗族大歌—侗族小姑娘

侗族大歌—唱大歌

侗族大歌—欢歌载舞

张琪琪摄

「民 · 俗」仫佬族依饭节｜祈神驱邪贺丰登

欢声笑语,
五谷丰登。

　　"依饭节",也称"喜乐愿""依饭公爷",有祈神驱邪、保安集福、贺五谷丰登之意,是罗城仫佬族自治县仫佬族特有的传统节日,带有强烈的感恩和祝愿色彩,仫佬族依饭节的活动内容,除了"峒"内族人聚会和祭祀神灵外,还请来唱师,敲锣打鼓,歌舞娱神,热闹非凡。依饭节为仫佬族所独有,是仫佬族信仰习俗长期积淀的结晶。它体现出仫佬族文化之精髓,进而成为仫佬族文化的重要象征。

传 说

关于依饭节，流传着很多传说，其中最广为传诵的传说是纪念白马姑娘。据说古时候，仫佬山乡群兽为害，特别是兽王——神狮，凶猛异常，伤人畜，毁庄稼。正当仫佬族人陷入困境时，来了一位白马姑娘，她力大无比，射死了神狮，解救了万民，并从狮口中夺回谷种送给人们，又用芋头、红薯做成黄牛、水牛，为人们犁田耕地，教仫佬后生习武灭兽。从此，仫佬山乡风调雨顺，五谷丰登。为纪念白马姑娘的功绩，每逢闰年立冬日，人们便以"峒"（仫佬族以血缘聚居，同姓为一家族，族内分"峒"）为单位，集资轮流主持聚会，相沿成习，于是形成依饭节。这一天，仫佬族人要在公共祠堂前搭起彩门，摆上供品，表演持碗舞、持香舞等舞蹈。它表达了仫佬族人民祈求风调雨顺、国泰民安的期望。

仫佬族依饭节—依饭师公在画鸡字符（黎学锐摄）

仫佬族依饭节—依饭师公走罡步（黎学锐摄）

「民 · 俗」毛南族分龙节｜风调雨顺泽生民

毛南年年为水愁，
渴死禾苗旱死牛，
男人说水贵如酒，
女人说水贵如油。

　　环江毛南族自治县毛南族分龙节是毛南族祈神保佑丰收的传统节日，毛南族的先人认为天上的"龙"是管雨水的。毛南山乡属典型的喀斯特地形地貌，素有九分石头一分土之称，因常年缺水，五谷收获常无保障。每年夏至的第一个辰日（又称龙日）前后，降雨量有明显的不同，是由于天上的"龙"布雨不均匀所造成的。"龙日"前后祭拜它，是求其在来年均匀降雨以获得好收成。

传说

　　造成毛南族人民生活贫困的最大因素就是旱灾。毛南族生活在大石山区，境内没有大河流，只有涓涓溪流，而且一到冬天，大小溪流大都干涸，而且地下岩洞纵横交错，雨水很难保持，是个奇旱之地。如当地有谚语："毛南年年为水愁，渴死禾苗旱死牛。男人说水贵如酒，女人说水贵如油"。下南一些村民，因用水困难，天旱时只好连人带牛到打狗河边去度水荒。先民们根据自己的气象经验和宗教观念，认为每年夏至后至第一个辰日前，降雨量有明显的不同，前期雨水均匀正常，后期雨水时有时无，容易出现旱灾，这跟玉帝分配到凡间司雨的龙的头数有关。如分下一条龙，它担心降雨不及，误了季节受罚，结果就拼命降雨，容易酿成洪涝。分下的龙多，你推我让，谁也不降雨，造成旱灾。最好是让两条龙轮流降雨，人间就会风调雨顺，五谷丰登。农历五月，春插过后（中造），因山区多为望天田，需要雨水均匀而降，多或少都会影响农作物的生长收成。为了祈求风调雨顺，毛南族先民就选定农历五月的分龙日敬天祭神，请求玉帝合理分龙，确保雨水正常，解除人间的旱涝之患。天长日久，约定俗成，形成了"分龙节"，并世代相传下来。

211

毛南族分龙节—毛南族肥套（傩面舞）

毛南族分龙节—毛南族肥套（傩面舞，韩德明摄）

「民 · 俗」仡佬族尝新节 | 尝新祭祖庆丰收

五谷既熟，
新谷既升。
举家未食，
先敬神灵。

    每年农历八月十五日前后，正是庄稼成熟收割时，仡佬族人们会选择一个日子进行吃新（也称尝新），所以，这一传统节日称"尝新节"，也称"吃新节"。居住在隆林各族自治县德峨镇仡佬族的吃新节基本都在八月十五这天举行。因此，仡佬人有"七吃龙、八吃蛇的说法"。

传说

尝新节这天，全寨男女老少穿上新衣服，高兴地到田地里去采新，村边田地里种植的粮食作物，不论是谁家的都可以摘一点，主人家也不会生气，因为吃新日摘谁家的农作物是一件让主人光荣的事。有的地区还杀鸡杀猪，甚至杀牛祭天、杀马祭地。节前大家筹钱买黄牯牛一头，以供祭祀用。杀牛的这一天，每户派一个代表，路远的每个寨子来三五人带牛肉回去，凡到场的不论大小都能分到牛血和牛下水，然后参加过节的户平均分牛心，分好后，由一个蓑衣斗笠的人爬上屋顶用歌声让大家来领牛肉和牛心。那人高声唱道："今年去，明年来，冷的去，热的来，饿的去，饱的来，老天呀老天，祖宗呀祖宗，保佑凡间的儿女吧。让来年风调雨顺，谷子扭成绳，苞谷像牛角，我们有吃又有穿。我们怀念天上的老人。"此人唱毕，大家领回分到的牛肉，将牛肉割成一寸宽、五寸长的肉块，用小木棒串挂在火炕上熏烤半干留到过节时用。采新后，把原先烤的牛肉、牛心拌新瓜菜煮成一碗，装一小斗碗甜酒，把事先已蒸好的香米饭和采新的新米饭各一碗摆在神台下的四方桌祭祖。再选三穗最长最大的稻谷和两穗小米挂在灶堂上，以示丰收。

214

仡佬族尝新节

「民 · 俗」仫佬族拜树节｜青岗林中祭祖树

云南下来一条河，这里流来那里落。
仫佬古时无住址，贵州迁来广西落。
青刚树呵树青刚，根深叶茂好阴凉。
遮得太阳遮得雨，仫佬灵位有地方。

　　拜树节是仫佬族民间传统节日，为每年农历正月十四日或八月十五日举行，流行于隆林各族自治县等地。仫佬人民拜树，并不是拜所有的树，而是只拜青刚树，因为青刚树是仫佬族的祖宗树，青刚树的来源同仫佬族在历史上的迁徙活动有关。

传说

传说古时候，由于天灾人祸，居住在贵州安顺等地的仡佬人民，不得不进行迁徙。由仡佬族的"大房"（辈分最高者）带着祖公婆的香炉和灵位先走，沿途用树叶做标识，方便后来的族人寻路。"大房"走了一山又一山，过了一村又一村，终于走到了一个四周青山环绕、绿草遍布的地方，很适合人类生存，这个地方就是广西隆林，于是，他决定在这里定居。当地的人们非常热情好客。为仡佬族人备吃食，建房屋，这使"大房"十分感激。但是，主人家的堂屋已经有了本民族的灵牌，自己带来的祖宗灵位放在哪使他发愁，"大房"没有主意，只好出去散散心，快走出寨口时，只见两株苍劲挺拔的青刚树直指蓝天，"大房"不由得停步观察起来。这两株树，有着坚硬、粗大的躯干，枝繁茂密的叶子，使"大房"灵机一现，这是个安放祖宗灵位的好地方。于是他情不自禁地放声高歌起来："青刚树呵树青刚，根深叶茂好阴凉。遮得太阳遮得雨，仡佬灵位有地方。"山歌一唱，心里亮堂，"大房"立即找来刀斧，在这两棵青刚树上各开了一个洞，分别把祖公、祖婆的灵位安居在树洞里。从此，代代相传，隆林境内的仡佬族人民就拜青刚树为自己的祖宗树。

仡佬族拜树节—杀牛祭祖

仡佬族拜树节—祭祖

「民 · 俗」彝族火把节｜驱虫灭害祈丰年

烧呀烧，

烧走吃庄稼的虫，

烧走饥饿和病魔，

烧走猪、牛、羊、马的瘟疫，

烧出一个安乐丰收年。

　　彝族火把节是隆林各族自治县彝族最隆重盛大的传统节日，随着不断地传承和发展，火把节不仅仅是驱虫灭害、祈求丰收的节日，它还是彝族人民的"狂欢节"。丰富多彩、五彩缤纷的民俗活动令人目不暇接，充满着民族特色的传统活动妙趣横生，色彩斑斓的民族服饰多姿多彩，使节日充满了激情，到处洋溢着欢乐的气氛。

传说

　　相传在远古，天上有六个太阳和七个月亮，白天烈日的暴晒，晚上强光照耀，土地荒芜，妖魔横行。就在这时，彝族英雄支格阿龙射死了五个太阳和六个月亮，驯服了最后一个太阳和月亮，制服了洪水，消灭了妖魔。但是天神恩体古孜看到人间如此繁荣富足，心怀不满，于是年年派他的儿子大力神斯热阿比到人间征收苛捐杂税。后来支格阿龙的故乡出了个彝族英雄叫黑体拉巴，他力大无穷，智慧超人。一天，黑体拉巴上山打猎，高亢的歌喉引来了另一座山上牧羊的姑娘妮璋阿芝悠扬婉转的歌声。早就对妮璋阿芝垂涎三尺的斯热阿比听说了两人的恋情，心里交织着愤恨和嫉妒，忍耐不住便下凡挑战，想与黑体拉巴摔跤决斗。结果在摔跤决斗中斯热阿比被摔死，天神为此大怒，便放出铺天盖地的天虫到人间毁灭成熟的庄稼。妮璋阿芝翻山越岭，找到了天边的一位德高望重的大毕摩（祭司），毕摩告诉她：消灭蝗虫，要用火把。妮璋阿芝和黑体拉巴带领民众上山扎蒿杆火把，扎了三天三夜的火把，烧了三天三夜的火把，终于烧死了天虫。看到这情景，体古孜使用法力将劳累过度的黑体拉巴变成了一座高山。妮璋阿芝痛不欲生，在大毕摩的祈祷声中舍身化作满山遍野美丽的索玛花盛开在那座高山上。彝族人为了纪念这一天，每年的这天便要以传统方式击打燧石点燃圣火，燃起火把，走向田野，以祈求风调雨顺、来年丰收。

彝族火把节—打磨秋

彝族火把节—背新娘

匠·艺

「匠 · 艺」壮族绣球 | 阿妹的心事哥知道

上巳日（三月三），

男女聚会，各为行列，

以五色结为球，歌而抛之，谓之飞驼。

男女目成，则女受驼而男婚已定。

　　壮族绣球是广西壮家人之定情物和吉祥物，是广西极具特色的旅游工艺品之一，原为壮族青年男女之间的爱情信物。位于桂西南边陲，有"小桂林"和"绣球之乡"美称的靖西县，山清水秀，人杰地灵，该县妇女所生产的绣球，由于其结构独特、选料考究，且全部以手工精工制作，小巧玲珑，色彩鲜艳。

传说

关于绣球，在壮乡流传着一个美丽的传说。从前在靖西县旧州古镇下的一个小村庄里，居住着一户贫穷人家。这家的阿弟和邻村美丽漂亮的姑娘阿秀一见钟情。但是，阿秀在一次赶圩时，被镇上一个有钱有势的恶少看上了，要强行娶阿秀为妻，阿秀以死相胁，坚决不从，后来，恶少知道是因为阿弟所以阿秀不从时，便想了一条毒计陷害阿弟，他贿赂官府，阿弟被关进地牢，并判了死刑。阿秀听到这个消息后，整日以泪洗面，后来阿秀想为阿弟做最后一件物品当作纪念，于是开始一针一线地缝制绣球。针扎破了手，血流在了绣球上，使绣球上的花更艳了，叶更绿了，鸟更鲜活了。到阿弟问斩那天，浸透了阿秀鲜血的绣球做好了。阿秀变卖了自己的首饰，买通了狱卒，将绣球送到了在阴暗潮湿的地牢里的阿弟手里，这时，只见灵光一闪，阿秀、阿弟和家人便飘然落在远离恶魔的一处美丽富饶的山脚下。后来，阿秀和阿弟结婚了，生了一儿一女，靠着自己勤劳的双手，过上了幸福的生活。慢慢地绣球就成了壮乡人民的吉祥物，壮乡青年男女爱情的信物，后来也就有了抛绣球、狮子滚绣球等民间活动。

广西靖西旧州壮族绣球

靖西绣球

广西靖西旧州壮族绣球

广西靖西旧州壮族绣球

「匠 · 艺」壮族蓝靛染丨青出于蓝而胜于蓝

蓝靛名染草，九十月间割叶入靛池，

水浸三日，蓝色尽出投以石灰，

则满池颜色皆收入灰内，以带紫色者为上。

壮族蓝靛染工艺已经有漫长的历史，壮族妇女用蓝靛来染布，并在长期实践中积累了自己的制靛工艺。

靛染

靛染，大致过程为：制靛—染布。

（1）制靛：靛，即蓝靛或靛泥，是用一种名为"蓝靛草"的草本植物制成。将叶茎放入桶或缸里，用水浸泡七天，泡出蓝汁。每一石蓝汁浆液加入石灰五升，搅打后，蓝靛凝结；水静止，蓝靛沉积于水底，完成制作，即得染布原料——蓝靛。

（2）染布：将白布放进染缸，经多次取放和漂洗，直到布已染成所需的颜色，再用牛皮熬成的牛皮胶上在色布上，用石滚把染成上胶的布滚平，直至光亮即为成品靛染布料。

靛染作为壮族服饰布料的色彩染制技艺，其历史源远流长，蕴涵着丰富的科学和文化价值。

壮族蓝靛染

壮族蓝靛染

壮族蓝靛染

「匠 · 艺」壮族木偶戏｜形声俱佳技艺高超

傀儡子，汉末使用于嘉会，北齐高纬尤好之，

今俗悬丝而戏谓之偶人，以手持其末。

出其帏帐之上，以戏喻人，

戏如人生。

　　靖西提线木偶戏，亦称壮族吊线木偶戏，壮语简称为"木雕戏""呀嗨戏"，当地人又称"土戏"，主要流传在靖西县壮族地区，故又称"靖西壮族提线木偶戏"或"靖西提线木偶戏"，属当地群众所喜闻乐见的一个戏种，具有悠久的历史。

来源

关于壮族提线木偶戏有三种来历：

一是认为宋代末年，靖西几个秀才外出考试，看了外地人演的戏，觉得很好看，回来后就讨论成立戏团，刻木做成人偶，以代替演员，创造唱腔、服装等而成木偶戏。

二是认为木偶戏的祖师为靖西旧州一个姓梁的壮族人，他装扮成汉人到桂林去考试，不幸被主考查出，以壮人不能参加考试为由而治了罪。回来后，他愤而把自己的遭遇编成词，用壮族末伦调演唱，深受群众欢迎。随后他用木头来代替人，效仿京剧做成各种人物形象，给它们穿上服饰，仍用本地人听得懂的壮族末伦调来演唱，木偶戏从此产生了。

三是认为南宋末年，文天祥的部将张天宗率师到靖西，军中常演木偶戏，后来逐渐传播到民间，壮族人民对此加以改造创作，逐渐成为本民族的木偶戏。

虽然关于靖西壮族提线木偶戏的来历，究竟真正源于哪种说法，至今难于定论，但把它看作是提线木偶戏流传的多个支派之一，则是合理的。

壮族木偶戏

壮族木偶戏

壮族木偶戏

壮族木偶戏

「匠 · 艺」壮族铜鼓｜敲响前世今生

世界铜鼓在中国，
中国铜鼓在广西，
广西铜鼓在壮乡，
铜鼓"咣……"

古老的铜鼓文化备受人们的青睐，以铜鼓为题材的歌舞、绘画、雕塑和工艺品等也层出不穷，展现了铜鼓艺术的极大魅力，铜鼓是中国古代悠久而灿烂文化的结晶，是中国少数民族先民智慧的象征，它具有东方艺术的特色，是世界文化艺术宝库之珍藏。

传说

　　铜鼓作为乐器，和舞蹈是难以分开的，自有铜鼓时就有了铜鼓舞。乐舞是古时人们祭祀仪式的主要内容。壮族先民每逢祭祀仪式，就跳铜鼓舞。在广西左江花山崖壁画上，就绘有壮族先民跳铜鼓舞敬神的祭祀场面。在《雷鼓的传说》中说，壮家人每逢双亲过世时就跳铜鼓舞。这是壮族在丧葬时敲铜鼓跳铜鼓舞以祭死者灵魂习俗的反映。如今铜鼓舞仍然流行于壮族民间，只是它的祭祀功能已经衰退，更多的是娱乐性。

　　铜鼓在古时还是象征权力和财富的重器，只有部落首领或村寨的头人才拥有铜鼓。《隋书·地理志》说："有鼓者号为都老，群情推服。""都老"是壮语"老者"的意思，意译为"头人"。《铜鼓老祖包登》中说壮族的重甲人把铜鼓尊奉为保护神，把包登尊奉为波掌——世界上的大能人。每个重甲人的村子里，都有一名包登，专为人们求神问卜、消灾免难、驱邪捉鬼。凡是做包登的人家里，都供有一面无底的铜鼓。反映了古时只有部落首领或头人才拥有铜鼓的历史事实。

壮族铜鼓

壮族铜鼓

「匠 · 艺」壮戏 | 壮族文化艺术瑰宝

大地回春阳，
燕子衔泥欢。
马骨胡声响，
壮家唱戏忙。

　　壮戏是广西壮族的传统艺术之一，具有浓郁的民族和地方特色。它多用当地壮族方言
演出，唱词多用五言、七言的基本句型和壮"欢"的押韵方式。根据地域、方言、音乐唱
腔、表演技艺的差异，壮戏分为北路壮戏、南路壮戏和师公戏三类。

锦绣 JINXIUGUANGXI

特征

　　壮戏最具特色的是主乐器马骨胡，该胡用马腿骨做琴筒，金属弦，比京胡细长，音色清脆、明亮。配器是土胡、葫芦胡和二胡、三弦、箫筒或笛子，有时吹奏木叶作为辅助，打击乐队一般为四人组建，有板鼓、木鱼、座鼓、蜂鼓、小鼓、大顶钹、星锣、高边锣等打击乐器。蜂鼓亦很有特色，音色沉厚，音响如嗡嗡声。壮戏的伴奏音乐，采用多声部的手法，各种乐器定弦不同，在旋律上形成多种的和声关系，演奏起来饶有情趣。壮戏演唱常揉山歌、民间小调为唱腔。

　　北路壮戏的表演，生、旦都拿扇子，丑行、彩旦用团扇（葵扇），小生、花旦用折扇。南路壮剧的表演，因演唱常用"呀哈嗨"作衬腔，俗称"呀嗨戏"。在行腔时，还采用"一人唱众人和"的帮腔形式，演员在台上演唱，乐队在后台助唱。帮腔多用在起板首句和唱段收尾的衬词、拖腔，末句为重句全帮。角色也有分工，花脸分大小花脸，小生有文生、武生，旦角有正旦、武旦、老旦。师公戏的表演，早期有七十二种面具，每种代表一类人物，各有自己的典型身段。

北路壮戏

广西隆林北路壮戏

田林县壮族北路壮戏县城演出现场

247

「匠 · 艺」壮族天琴 | 叮咚琴音如天籁

水光潋滟，
山色空濛。
叮咚心曲，
天籁之声。

　　天琴是壮族的弹拨弦鸣乐器，壮语称鼎叮，由乐器发声谐音而得名，至今已有上千年的历史。它用葫芦做琴鼓，梧桐做板面，尼龙做弦线，琴头是雕刻的龙或凤。演奏时用弹片拨弦，发出优美动听的琴音。天琴的音色圆润明亮，节奏明快，有如天籁之音，深受壮家人的喜爱。

传说

传说很早以前，在十万大山南麓的壮族偏人山寨里，有一对非常要好的青年人，男的叫农端，女的叫农亚，两人经常结伴上山砍柴。有一天，两人在一个岩洞口听到洞中传来悦耳的"叮咚"之声，循声而入看见一个水潭，上面岩壁中渗出许多小水珠正向潭中滴落。他俩听着这美妙动人的音乐，顿觉心旷神怡、耳聪目明。他俩想把这神奇的声音带回山寨去，让乡亲们一起来分享。农亚想了想说道："我们何不做一个也能发出这种声音的东西呢？"于是两人在山中找来一个葫芦壳、一根木杆，将木杆插进葫芦里，绷上野藤的细丝条，果然弹出了"鼎叮"之声，恰似"叮咚"的山泉之音。山寨里的人们听了无不拍手称赞，一位长者还以发音把它叫作"鼎叮"。乡亲们照样学做起来，鼎叮很快盛行全寨。琴声传到天上，玉皇大帝派天使下凡将农端、农亚召去，后来他俩在天上成了歌仙，终日给玉皇大帝弹琴唱歌，难得下凡。为消除乡亲们的思念，每年正月初一到十五，趁天门开启之时，他俩便赶回凡间与乡亲们聚会歌舞。平时偏人有事相求，也焚香请他们下来歌舞一番。这种活动后来成为固定形式，定名为"跳天"。直到今天，每逢壮族传统节日，偏人都要举行群众性的"跳天"文娱活动。鼎叮则是这种活动中使用的唯一乐器，故此称之为天琴。壮族天琴艺术由此而生。

广西龙州壮族天琴

广西龙州县金龙镇板送村陇峒节天琴演奏

广西龙州县金龙镇板池村壮族弹天琴

「匠 · 艺」白裤瑶粘膏染｜衣裙染螺黛

来自自然的赠予，
通过繁复的勾勒，
呈现精细的花纹。
经过层层的浸染，
巧夺天工的成品。

粘膏是白裤瑶制作服饰图案的过程中必不可少的原料，白裤瑶用粘膏来绘制衣服上的图案。

制作

粘膏树是广西南丹县的里湖瑶族乡一种独特的树，这种树能够分泌一种叫作粘膏的树脂，人们把它当作一种特殊的家产世代传承。

每年在树木新陈代谢最为旺盛的三四月份，村民会用钢刀利斧在树干上不断砍凿，留下一个个状如蜂巢的伤口。经过砍凿的树干到了第二年春天，粘膏便会从刀口处自然流出，砍凿的越久，流出的粘膏就越多，膏质也越好。这种粘膏是白裤瑶制作服饰的过程中必不可少的蜡料。白裤瑶用粘膏来绘制衣服上的图案。

白裤瑶人备好绘制图案的竹刀、保温用的炭盆、熔蜡用的瓷碗，托着蜡染布的木板，将采集来的淡黄色粘膏与牛油一起熬制来做染料。之后用竹刀蘸着，在土制白布上按照自己的构思作画，整个过程不需要制图工具，只需几根竹条当作量尺。这一系列流程完成后，再进行染、煮、泡等程序，晒干后，涂过染料的地方就会留下清晰的纹路。最后人们再用五颜六色的丝线在纹路上精心刺绣，制成精美的白裤瑶服饰。

白裤瑶粘膏染

白裤瑶粘膏染

白裤瑶粘膏染

白裤瑶粘膏染

257

「匠 · 艺」白裤瑶棉纺｜纺棉绣布做衣裳

在柔和的光线里，

她低着头，专注而深情，

背部微弓，双脚轻踏，

两臂快速而有规律地轻轻摆动，

手中的梭子来回穿梭，

织成一匹匹锦缎，

时光仿佛定格在这一瞬。

　　白裤瑶至今仍保持着自纺自织的生产方式。每年的谷雨时节，南丹县瑶族白裤瑶支系农民就开始种植棉花，八九月份收棉花，纺成纱，织成布，用于制作白裤瑶男女服饰。

锦绣

工 艺

棉花采集后人们使用自己手工做成的轧棉机来完成轧棉花这一道工序，就是将棉花放在这个机器上来分离棉花和棉籽。分离出来的棉花被瑶民搓成粗线，然后才开始纺纱。

纺纱时，白裤瑶族女子用右手摇动纺纱机，左手轻捏棉条控制出线的粗细。这是一个技术性很强的环节，需要左右手协调配合，才能纺出粗细均匀的线。后面的倒纱则是将纺纱机纺好的线槌上的线倒到竹子架上，得到一绺绺整齐的棉纱圈，方便进行下一步的漂白晾晒。

跑纱架安装好以后，就是工序最为繁复的跑纱环节，跑纱工作量较大，一般需要几个女子共同完成，她们互相协作，抬着跑。

纱架围绕场中固定的木桩来回走动使纱有规律地排列，目的是将纱线铺开成面，形成较大的宽度以便为下一步的织布创造便利。跑好的纱线最终要上篦、梳纱、卷纱轴，一部织机需要两个篦，一个为丝线篦齿，一个为竹丝篦齿，每根纱穿过一根篦齿得以梳理，然后边梳边卷到纱轴上。

上述所有工序完成后，就准备上织布机织布了。织布机为木结构高机，放置堂屋内或其它房间，闲时就可以进行操作。

白裤瑶棉纺牵纱

白裤瑶棉纺倒纱

「匠 · 艺」白裤瑶蚕锦｜春蚕到死丝方尽

桑竹垂余荫，
养蚕吐长丝。
瑶女当户织，
金梭万缕橙。

　　勤劳的南丹县白裤瑶女子有养蚕的习惯，她们在蚕吐丝的时候，直接让蚕沿着一块木板，一边吐丝，一边往返爬行，织成布状，然后用这块蚕布，制作成百褶裙的裙边，使裙子更富有层次感。

制作

　　白裤瑶女子服饰简洁大方，富有特色。辛勤的白裤瑶女子采用织画绣合一的手法，将自己本民族的历史和对生活的美好憧憬以服饰图案的形式绣在自己的服装上面，使服装成为一部背在身上的史书，尤其是裙子上的蚕锦工艺更独具特色。

　　勤劳的白裤瑶女子有养蚕的习惯，她们在蚕吐丝的时候制作百褶裙的裙边。让蚕沿着一块木板，一边吐丝，一边往返爬行，织成布块状，再用从山岭上采回来五倍子的枝和叶，与蚕布一起煮水，之后就得到了黄色或红色的蚕布，染色之后进行反复晾晒。将完整的蚕锦裁成长条，缝于百褶裙下端，使裙子更富有层次感，最后将做好的百褶裙进行晾晒，一件漂亮的百褶裙就诞生了。

白裤瑶蚕锦

白裤瑶蚕锦

白裤瑶蚕锦

白裤瑶蚕锦

「匠 · 艺」坳瑶黄泥鼓｜不抹黄泥敲不响

瑶本盘瓠之后，有乐器名'长篌'，

长三尺余，刳梓木为之，

皮冒两端，涂泥而后击，

腰鼓大者如柱长，或逾尺，

称黄泥鼓。

　　黄泥鼓属于长鼓中的一种，是居住在金秀瑶族自治县大瑶山上瑶族人民喜爱的民间乐器。这种鼓最特别的是要用大瑶山特有的黄泥浆来糊鼓面才能定准鼓音，用黄泥浆糊过的鼓面，由于鼓面湿润，增加了厚度，敲打起来发出"空央、空央"的双连鸣音，特别洪亮、动听，音传数里之外，所以人们便称之为黄泥鼓。

　　黄泥鼓传说是为了纪念瑶族祖先盘王而制作的。在瑶族人民世代传诵的史书《过山榜》中有这样的记载：瑶族祖先盘王是一位智勇双全的英雄人物，当民族处于危难之际，他挺身而出，勇闯异国，用计谋将敌国首领的头颅取回，保卫了部落人民的生命财产，国王遂将三公主嫁给他，并封他为王，从此人民称他为"盘王"。盘王与公主结婚后入山居住，生了六男六女，这就是瑶族的后代。一天，盘王上山打猎，不幸被山羊撞下山崖丧生。儿女们在山下的一棵泡桐树上发现了盘王的尸体，他们悲痛欲绝，遂把泡桐树砍下，锯成七截，制成一个母鼓和六个公鼓的鼓身，并将山羊皮剥下做鼓面。糊上黄泥浆，是因为黄泥粘的鼓皮可以遏制鼓声的噪音，这是我国早期在鼓的音色改进上的重要发现。鸣锣击鼓悼念盘王，狠狠敲打山羊皮鼓面以解心中悲愤。这就是祭祀盘王时要击打黄泥鼓，跳黄泥鼓舞的原因，这一习俗世代流传。此后，瑶寨里凡遇丧事，都要敲击这种鼓以示悼念。鼓分公、母两种。丈夫去世，妻子要在灵柩前打母鼓、儿子打公鼓；妻子去世，丈夫和儿子都要打公鼓，这已成为瑶家习俗，世代传承。

打黄泥鼓的坳瑶男子

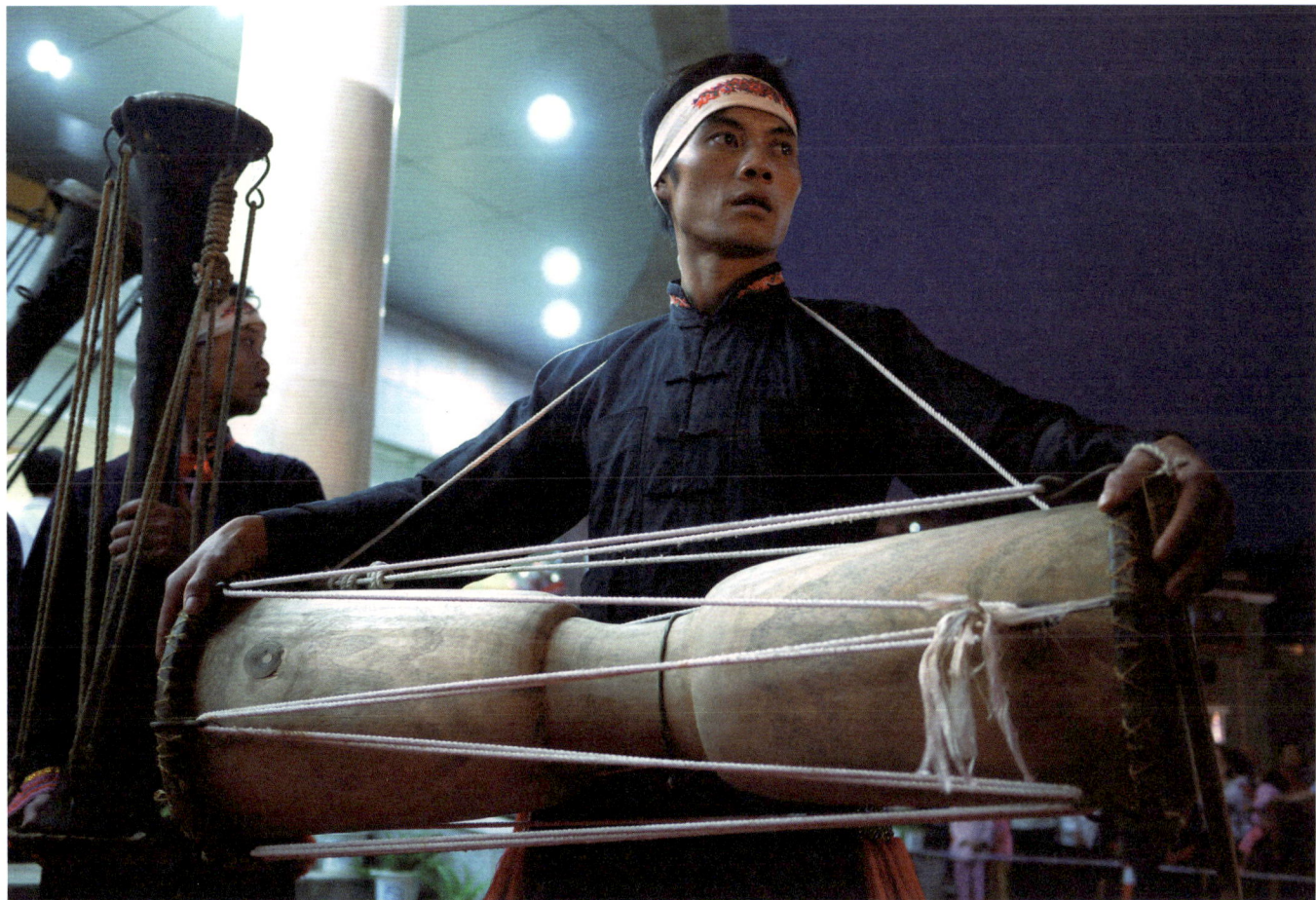

广西金秀坳瑶黄泥鼓

广西金秀坳瑶黄泥鼓

「匠 · 艺」苗族蜡染｜布里流淌的苗文化

青，出于蓝而胜于蓝，
染于布上的艺术，
蓝底白纹，
典雅庄重，
古老的工艺散发着动人的魅力。

　　蜡染是用蜡刀蘸熔蜡绘花于布后以蓝靛浸染，既染去蜡，布面就呈现出蓝底白花或白底蓝花的多种图案，同时，在浸染中，作为防染剂的蜡自然龟裂，使布面呈现特殊的纹样。蜡染这一苗族传统技艺散发着古老工艺的魅力。

锦绣
JINXIUGUANGXI

制作

（1）洗练：将蜡染的布反复浸泡、捶打、漂洗，除去纤维中的胶质和其他杂质。

（2）点蜡：也可以叫作画蜡。将白布平铺于案上，将少量蜡盛于容器内，放炭火上熔化，用蜡刀蘸蜡液在布上画图。

（3）制蓝靛：用蓝靛草等植物制成蓝靛染液。

（4）染色：将白布放进染液浸染。

（5）脱蜡：将染好的布料放入冷水中漂洗，除去部分浮色。再放入热水中煮过，使蜡熔化，然后又放到清水中漂洗，待浮色洗净，取出晾干。

在火边做蜡绘的苗族花苗支系妇女

融水苗族自治县苗族蜡绘

民国时期的百鸟衣上的蜡染纹饰

隆林红头苗挑花蜡染花裙

「匠 · 艺」侗族亮布｜一抹高贵的冷艳紫光

看第一眼便久久不能忘怀，
带着紫色魅惑之气的质感，
泛出侗族古老智慧的惊叹。

"亮布"是一种经过染色的粗布料，需经过浸染、捶打、晾布和涂抹鸡蛋清等十多道工序形成。这种土布经过晒干后闪闪发亮，所以俗称为"亮布"。侗家人喜穿自纺自染的亮布服饰，因而其传统制布工艺代代相传。

制作

　　侗族的蓝色染料以蓼蓝、马蓝和木蓝三种蓝草为主，这三种植物都可用于染蓝。

　　植物叶片和嫩茎收割后倒进染缸加水浸酿，加入石灰水，用力搅拌，使水和靛蓝分离，留在底部的沉淀就是土靛。

　　把土靛和酒倒入碱水中，在染缸中发酵大约 12 天。期间，人们需要不时用木棍搅拌，通过色、味、触感来判断染料是否做好。

　　先是将布料染色，然后卷好放入饭甑蒸 1 ~ 2 小时，取出晾干，再将布料放入深红色染料中反复浸染，经捶打后把鸡蛋清均匀涂在布料上，再一边捶打一边加鸡蛋清，捶打的越多，亮度越大，最后形成紫光闪闪的亮布。

　　如果还需要更亮的亮布，那就需要上浆了。所用的浆料都是取之于生活的天然原料，如黄豆浆、青柿子浆和鸡蛋清。一条百褶裙，需要用掉至少五个鸡蛋。亮布所用染料是纯天然的靛类染料，其原植物具有抗菌和抗病毒的功效，非常适合苗侗先民们野外劳作时穿着。

侗族亮布

侗族亮布

侗族亮布

侗族亮布

「匠 · 艺」侗族芦笙｜吹起山间那首民谣

一根竹子，简单造就了平民的乐器，

一根竹子，祖先便剥开了生命的胞衣，

一根竹子，便写下了这个民族神秘的暗喻。

芦笙是苗、瑶、侗等少数民族特别喜爱的一种古老乐器，也是他们的文化符号和象征。逢年过节，他们都要举行各式各样、丰富多彩的芦笙会，吹起芦笙跳起舞，庆祝自己的民族节日。

起源

　　关于芦笙的起源，民间流传着许多动人的传说。在重峦叠翠的苗岭山下，在清澈碧绿的清水江畔，在山明水秀的苗家山寨，很早以前住着一对老夫妻，阿爹叫篙确，阿婆叫娓袅，他们40岁才生下一个姑娘，取名榜雀。姑娘心灵手巧，长得比孔雀还美，比黄莺还会歌唱，苗家后生都很喜欢她，而榜雀暗地却爱上了青年猎手茂沙。勇敢的茂沙武艺高强，曾杀猛虎为父报仇，射鹰精为民除害。有一次，杀死白野鸡怪救了一位姑娘。姑娘得救了，茂沙也走远了，这姑娘原来就是榜雀，父母见到爱女无比高兴，热泪盈眶。榜雀因找不到茂沙而茶饭不思、容颜憔悴。多才多艺的老阿爹，采金竹、削簧片，做出一支精巧的芦笙，用它吹出优美的音调，篙确老爹又教寨子里的青年做芦笙、吹芦笙。赛芦笙那天，远近苗寨的青年都赶来参加，终于引来了头插白野鸡翎的茂沙，榜雀一眼就认出了他，篙确老爹请他到家里做客，　榜雀精神焕发，与茂沙畅叙衷情，两人结为美满夫妻。

三江侗族自治县侗族人在制作芦笙

做好的侗族芦笙

「匠 · 艺」毛南族花竹帽｜幸福吉祥的"顶卡花"

踏遍千山，
采来金丝竹，
将所有相思，
编成花竹帽。

　　编织精美的花竹帽是毛南族女子美丽的装饰，当地称花竹帽为"顶卡花"，即在帽底编织花纹的意思。花竹帽是供妇女当雨具用的一种精美的手工艺品。

传说

　　很久以前有个汉族青年，是个编织能手，他走到哪就用哪的竹子编织竹器卖，以此糊口度日。一天，他来到长满金竹和墨竹的毛南山乡，看见这么多好竹子，喜出望外，砍了些竹子，连夜编成一顶花竹帽。第二天，他高兴地戴着它上山继续砍竹。当时在山上还有个毛南族姑娘正在砍竹，也是个编织能手。一会，天突然下起雨来。小伙子毫不犹豫地把花竹帽递给姑娘戴着挡雨。姑娘不好意思一个人戴，就与小伙子一块戴。雨停后，姑娘突然发现帽底编有精美的花纹，惊喜地说道："多美的顶卡花！"后来，两人结为夫妇。在汉族青年帮助下，那位毛南族妇女把"顶卡花"编得更加精美了。从此，顶卡花就在毛南山乡流传开来。毛南族妇女把花竹帽看成是美好幸福的象征。

毛南族花竹帽

毛南族花竹帽

「匠 · 艺」毛南族傩｜神秘古老的文化

或金刚怒目，
或温文尔雅，
或慈眉善目，
极其传神，
神秘的傩文化。

　　傩文化是人类发展过程中一种对待未知以及祈望无病痛无灾难的美好寄托。环江毛南族自治县的傩文化——"毛南族肥套"因其厚重的历史文化价值被列入国家级非物质文化遗产名录。

介绍

　　傩面具全套共 36 个，按诸神性格雕刻出来，或金刚怒目，或温文尔雅，或慈眉善目，极其传神。凭着传统的雕刻技艺、简洁明快的刀法、柔美流畅的线条，匠人们雕刻出各种不同的造型面具来刻画每个面具在戏曲中的人物形象、性格和身份，让人一看就能分辨出是神是鬼、是男是女、是老是少、是文是武、是和尚还是道人或是丑角。其表现手法主要以五官的变化和装饰来完成人物的剽悍、凶猛、狰狞、威武、严厉、稳重、深沉、冷静、英气、狂傲、奸诈、滑稽、忠诚、正直、刚烈、和蔼、温柔、妍丽、慈祥等性格的形象塑造。通过精雕细刻、讲究色彩，拙朴的民间造型手法赋予了面具以生命活力、形象的刻画出了民间神话中的神灵、鬼怪及传说中各类人物的喜、怒、哀、乐，表情丰富，性格鲜明，令人叹为观止。

毛南族傩面具

毛南族傩面具

289

游·食

「游 · 食」壮族干栏民居｜依山傍水有人家

重山绿林相环绕，
竹排扁舟顺流筏。
炊烟袅袅映黄昏，
依山傍水有人家。

　　居住在广西的壮族人家房屋一般以"干栏"式为主，它们紧挨山坡，靠近绿水，房屋的分布从山脚直到山腰。壮族人生活的村寨环境十分优美，周围群山环绕，绿树相拥，鸟语花香。穿过了重重的山岭后，才会隐约地看到群山绿树中一排排别致的房屋，仿佛一个与世无争的桃花源。

锦绣 JINXIUGUANGXI

结构

栏杆式楼房与普通的楼房有着明显的不同，房屋的地基多是石头，楼房是悬在空中的，它们距离地面一两米高，用粗木杆或石头支撑着。因为壮族人生活在亚热带湿润季风气候中，夏季漫长炎热，平时气温高，降水多。为了防止雨水灌入室内，壮族人采用了这种高门槛、高住宅的建筑样式，房顶用瓦片铺设而成，来应对多雨的气候。传统壮族房屋的样式，分上下两层，上层住人，下层养猪牛羊等牲畜。传统壮族楼房全系木质结构，一般先起底层，上立屋架，两头搭以偏厦，顶上盖瓦或杉皮，有三间、五间不等。楼上住人，底层关养牲畜、家禽，置农具，设舂碓、磨坊等。楼梯设于屋内一侧，楼上前边为走廊，较宽敞，围以栏杆或半节板壁，光线充足，壮族人在这里会客、乘凉和纺织。进大门是堂屋，一头设火塘，后屋和侧屋为卧室。粮仓多设于住房旁边，房前竖立一排高约丈许的挂禾架，称为禾廊，秋收时晾晒禾把之用，待干后堆入粮仓。楼上分前中后三隔，后边为卧室，中间为过厅，正中设香火堂，前边为年轻子女的卧室、书房、客房和纺织间。

广西巴马境内的盘阳河边上的壮族民居

隆林县壮族民居

广西三江斗理和平壮族人家

广西隆林壮族吊脚楼民居

「游 · 食」高山汉｜汉族中的少数民族

似曾相识的唐装汉服，
耳熟能详的西南腔音。

秦汉以后，汉族陆续从中原各地迁入岭南，明清时期，又有汉族陆续由四川等地迁入广西的西北部，由于地势平沃的水源地已有壮族土著居民占据，只有远离水源、土地贫瘠的大石山尚无人烟，他们在这里停止了流亡的脚步，安放好祖宗的牌位，开始了祖祖辈辈都在跟恶劣的自然条件作抗争的艰辛生活。在这里，他们自称为"高山汉"。

　　"高山汉"的服装有一种"清水出芙蓉，天然去雕饰"的韵味。男子着唐装，女子普遍"小匾衣"、大脚裤、穿围腰，只有围腰上用彩布镶几条酷似高山梯田状的马鞍形花纹，配上银质头饰手镯。统一黑布裤，上衣多蓝色。有山歌这样唱道："远看情妹穿身蓝，头戴金簪耳戴环……"在绿色的原野中，姑娘们穿着这样上蓝下黑线条简明的衣装，显得葱嫩和水灵。她们的脸庞艳若桃李，明眸皓齿，与自然融为一幅美妙的画卷。一方水土养育一方人，高山汉族老人在青山绿水的滋养下，个个精神矍铄，神采奕奕。他们心态平和，开朗乐观，不哀天、不怨人，村子里安静祥和的生活状态，一切都如此简单。老人们言笑晏晏，侃侃而谈，虽然弯了脊背、步履蹒跚，仍然笑靥如花，从他们身上，我们看到了一种安静祥和的气息以及老顽童似的乐观开朗的性格。面对他们，我们收获的不只是感动，更多的是对时间油然而生的敬畏。

隆林县隆或乡高山汉

隆林县隆或乡高山汉

广西龙州县金龙镇板送村陇峒节师公巫婆

在山坳上唱山歌的高山汉妇女

「游 · 食」瑶药｜瑶族人的不老传说

药香弥漫，
渐渐袅绕，
缓缓飘至，
飘飘欲仙。

　　生活在南方山地的瑶家人在那些高山密林里发现不少可以治病和保健的草药。历经千百年的尝试、实践、提炼，瑶族人终于研制出一个个配方和药物使用知识，并通过口传心授传承了下来，形成了宝贵的民族文化遗产。

药浴

　　瑶族药浴历史悠久，史书记载：板瑶好清洁，每家必备一浴桶，劳作回家必药浴一次，因处深箐，又好清洁，故乡寿者多。瑶族药浴一般采用当地的多种草药、藤木精心配制而成。由于生活在深谷山林之中，瑶寨周围林木繁茂，瑶族人便在这天然的药库里寻找可以用于治病疗养、强身健体的药浴原材料。瑶族药司上山采来多种草药后直接放在大锅里用柴火煮，盖上木盖，水开后草药的蒸汽弥漫整个屋子，药浴在熬药的过程中实际上已经开始了。瑶药泡浴泡起来也很特别——"三泡三出"。这"三泡三出"指的是：第一次进桶泡 10 分钟后，就要出桶休息 5 分钟；第二次进桶泡 5 分钟，休息 5 分钟；第三次进桶再泡 5 分钟。每次休息有助于药性的吸收在血液中流畅。瑶浴据说也有很好的美白润肤的作用。瑶族医药源远流长，具有显著的民族性、传统性与地域性，凝聚了瑶家人的智慧。随着现代瑶医研究的不断深入，瑶医已由原始的经验积累向实验医药纵深发展，逐步形成了具有本民族特色的瑶族医药学。

广西巴马瑶族自治县东山乡文钱村瑶族药司在山上采集草药

用木桶泡浴

「游 · 食」红瑶女子 | 叹为观止的长发之美

云雾轻轻飘，山水轻轻绕。

那年你说过，我长发及腰。

娶我做新娘，抬我上花轿。

长发为你留，你知不知道。

相思三千尺，情丝心头绕。

　　红瑶是广西龙胜各族自治县境内瑶族支系，因喜穿红衣裙而得名。红瑶人的黄洛瑶寨，几乎所有的妇女留着长齐脚背的长发，成为一个旅游景观，被评为"天下第一长发村"。红瑶女性自古就有蓄发习俗、梳妆发型和护发秘方。

发型

　　红瑶人认为女子的头发是生命的象征。未婚的姑娘要将头发交叉平绕在头上，并在包头巾时于前额露出棱角，出嫁时才当着新郎的面打开包头发的黑布。已婚的则将头发交替盘绕，在额前盘一个髻，棱角也藏在头巾里。用绣花黑头巾包起，既保护那一头秀发，又是民族的一种特征性装饰。平日里，红瑶女子总是将头发包在头巾里不让外人看到，但是到了瑶族传统节日"红衣节"这一天，她们都会将那似瀑布的长发展露在人前，满足世人的好奇心，也评比出新的长发之最。赛前，只见红瑶妇女将头发盘成髻静静地等待着。当主持人宣布开始时，那一束束长发像瀑布一样落下，一时间聚集了千百双目光。

红瑶少女

红瑶妇女河中梳洗长发

龙胜金坑红瑶

「游 · 食」侗族风雨桥｜处处桥亭避风雨

桂林山水甲天下，
侗族风情看三江。
三江哪里最独特，
且看水上风雨桥。

　　风雨桥亦称花桥、福桥，为侗族建筑"三宝"之一，是一种交通风俗，是杆栏式建筑发展及延伸，是侗族人民引以为豪的又一民族建筑物。被称为世界十大最不可思议桥梁之一。因为行人过往能避风雨并饰彩绘而得名，故名风雨桥，是侗族桥梁建筑艺术的结晶。

传说

　　风雨桥由桥、塔、亭组成，全用木料筑成。下部是桥墩，用大青石围砌，以料石填心，呈六面形柱体，上下游均为锐角，以减少洪水的冲击。中部为桥面，桥面铺板，两旁设栏杆、长凳，桥顶盖瓦，形成长廊式走道。桥梁跨度一般不超过 10 米，以适应有限的木材长度。上部为桥面廊亭，采用榫卯结合的梁柱体系联成整体。廊亭木柱间设有座凳栏杆，栏外挑出一层风雨檐，有多层，檐角飞翘，顶有宝葫芦等装饰。既增强桥的整体美感，又保护桥面和托架。桥架就放在桥墩上面，而桥墩与桥台之间没有任何铆固措施，只凭桥台和桥墩起着架空的承台作用。用木料筑成，靠凿榫衔接。桥梁由巨大的石墩、木结构的桥身、长廊和亭阁组合而成。除石墩外，全部为木结构，也是不用一钉一铁，全用卯榫嵌合。

　　千百年来，侗族人就这样虔诚地逢水架桥，传承着，敬畏着这一民族传统，最后把它演变成全民族的一项公益活动，将家族和民族的梦想与希望，变成了一座座实用而赏心悦目的风雨桥。

三江侗族程阳风雨桥

侗族风雨桥

「游 · 食」侗族鼓楼｜寨寨鼓楼舞笙

伟如侗雄，
侨若侗娘。
常屹村寨，
保寨盛昌。

　　鼓楼因楼上置鼓得名，是侗乡具有独特风格的建筑物，飞阁垂檐层层而上，呈宝塔形。瓦檐上彩绘或雕塑着飞龙走凤，花鸟山水或人物，丰富多彩，五彩缤纷，甚是绚丽。侗族人民擅长建筑，建造的鼓楼巍然挺立，气概雄伟，高耸于寨子之中。鼓楼是侗族人民作为族姓群体的外形标志和集会议事及娱乐活动的场所，侗族寨寨都有鼓楼。

结 构

关于鼓楼的起源，可以追溯到越僚人的"巢居"了。从起源上看，所有干栏式木构建筑都同巢居有渊源关系，鼓楼也为其一。侗人自古集中居住，大寨千户，小寨数十户。鼓楼按族姓建造，为一寨一姓一鼓楼，若寨族姓多，则一寨之中数鼓楼并立，非常壮观。

侗族鼓楼由侗族的能工巧匠建造，巧匠都有祖祖辈辈积累下的深厚经验，胸有成竹，而无需设计打稿。巧匠仅用一根竹竿做的"香杆"作为构件尺寸，一座雄伟鼓楼即可造就。鼓楼一般高 3 ~ 5 丈，通体木质结构，以杉木凿榫衔接，不用一钉一铆，顶梁柱拔地凌空，顶尖呈葫芦形，楼檐一般为四角、六角、八角，每一个角的突出部分都有翘角，它的重檐层层叠叠，鼓楼底部多是正方形，四周有宽大结实的长凳，中间设"火塘"，供人歇坐。夏日乘凉，冬季取暖，欢歌笑语，欢快至极。而到了重大节日如春节，村村寨寨都吹芦笙，对歌作乐，表演充满故事性的侗戏，齐聚集鼓楼广场，欢度佳节。鼓楼由于结构严密坚固，可达数百年不朽不斜，是侗寨精神的"灯塔"。

侗族鼓楼

侗族鼓楼

侗族鼓楼

侗族鼓楼前的百家宴

「游 · 食」五色糯米饭 ｜ 吉祥如意五谷丰登

农历三月三，
五色糯米饭。
黑红黄紫白，
五谷又丰登 。

五色糯米饭，因呈黑、红、黄、紫、白五种颜色而得名。壮族人把五色糯米饭看作是"吉祥如意"和"五谷丰登"的象征，是用来招待客人的绝佳美食，也是用来祭扫先祖的供品之一。壮族人十分喜爱五色糯米饭。

制作

自古以来，广西的壮族人就有很多独特的习俗，有的习俗一直延续至今不变。例如，每年农历三月三或清明节，壮族人家家户户都蒸五色糯米饭过节。五色糯米饭由红、黄、黑、紫、白五色的糯米组成。古代没有化学染料，给糯米染色全都采用可以吃的植物煮水来染。红色的糯米由鸡血藤或红苋菜的汁染成。紫色的糯米由红蓝草的汁染成。黑色的糯米由枫树叶的汁染成。黄色糯米由黄蔓花熬的汁染成。黑色糯米做法：将枫叶捣烂，用水浸泡，两天后滤出倒入锅中烧热，将米倒入其中浸泡一夜。保留一部分未染的糯米为白色，构成了五色。其他颜色糯米饭制作步骤大致相同。用天然植物染成的五色糯米饭，不仅美观美味，而且具有药用价值。五色糯米饭色泽鲜艳、五彩缤纷、晶莹透亮，再加上它的滋润柔软、味道鲜美、醇正平和且有微甘，吃起来真是令人回味无穷。

五色糯米饭黄色染料

圩场上卖五色糯米饭的壮族妇女

壮族五色糯米饭

西林那劳那徕壮族五色糯米饭

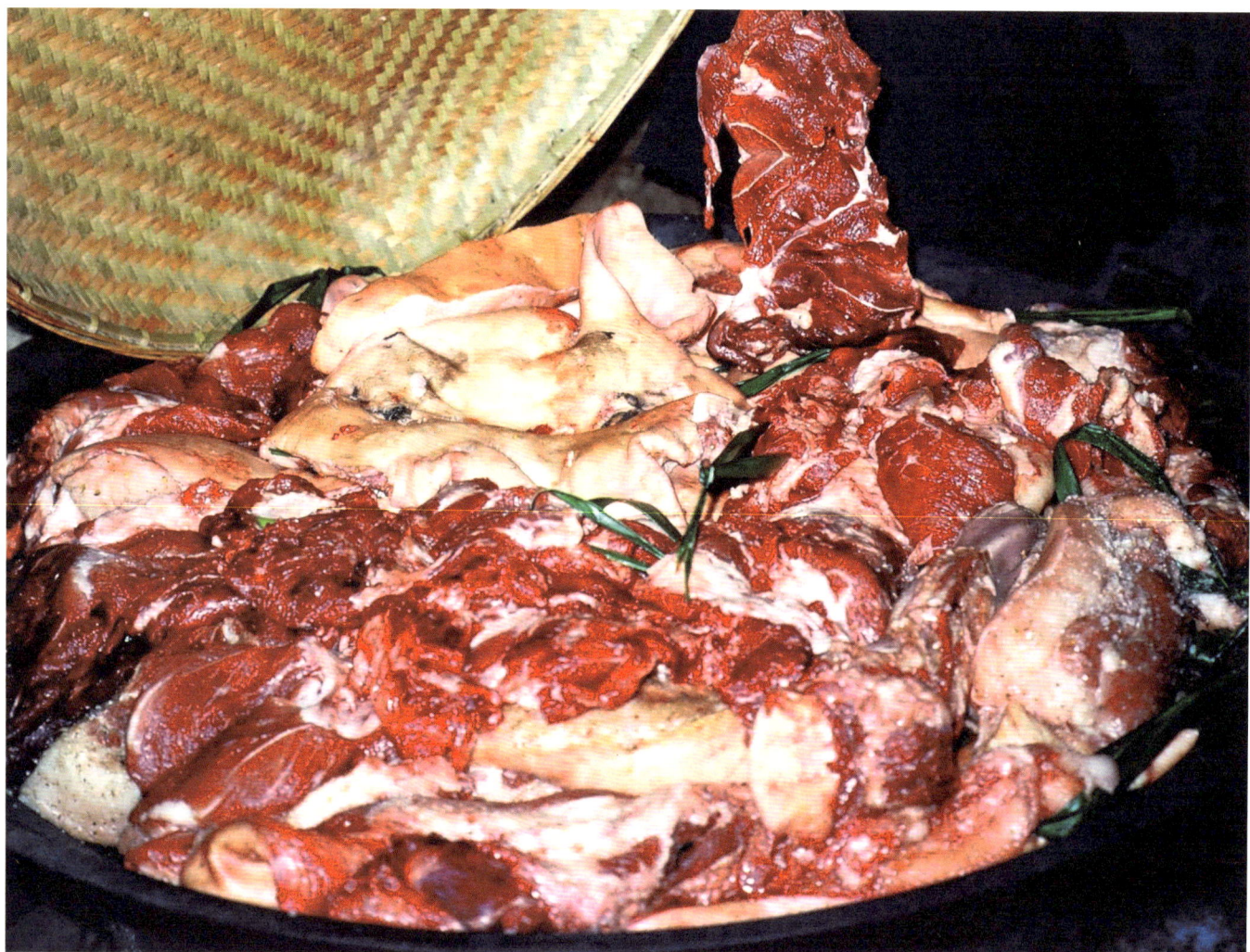

「游 · 食」壮族腊肉｜北风起腊味飘香

"童年的年味在哪里，在阿爸的火塘里"。
一首壮族民歌的歌词唱出了壮家人春节的文化与年俗。

　　由于通常是在农历的腊月进行腌制，所以称作"腊肉"。很多壮族县市由于地处崇山峻岭之中，外出不方便，壮族人家一到冬天都有自制腊肉、腊肠的习俗。随着经济的发展，壮族人家的生活与居住、交通环境都发生了翻天覆地的变化，不用再靠熏肉来补充食品，腊肉已经演变成了壮族人家冬天的地方美食。

制作

　　腊肉制作方法完全按照传统的壮族腊肉的制作方式来制作。先杀猪，选用的猪肉全部是壮族农家饲养的土猪的肉，去掉筋膜，洗净血水，然后将五花肉分切成条状，在肉上扎一个孔，穿上挂绳，放入盆中，加大料、花椒、茴香、桂皮、丁香、姜丝等。肉入味后，开始灌制腊肠与制作腊肉，最后拿到火塘上熏干或拿到外面，反复晾晒风干即可。

腊肉

腊肉

「游 · 食」壮族黑粽｜植物染色飘香四溢

白胖糯米灰里躺，

黑珍珠米穿绿裳。

五花填心锅里蒸，

正月十五母粽香。

黑粽是壮族历史悠久的食品。黑粽主要是把本地农家优良品种大糯米或香糯米用芝麻秆烧后的黑炭灰染黑后做的粽子。壮族农家有时包 5～6 斤大的母黑粽，摆放在自家的宗亲神位上，以示祭祖，到正月十五元宵节时才再复煮，全家共食，壮民叫作"食母粽"，意即算是过完了春节"杀母粽"了。

　　做法是将干芝麻秆用火烧成黑炭灰，注意不能将其烧成白灰，趁黑炭尚热时放入糯米，用石舂舂染，使米粒都均匀地染黑即成为黑糯米（注意只能干染，不得加入水湿染），装入米缸备用。腊月二十五至二十九日取出包粽粑，包粽子时在黑米中放入一块五花猪肉，肉上沾有炒干粉碎的山香姜，包粽用的小绑绳是农家种的名叫"甲念"（壮语，一种植物）。放入锅中蒸煮，山香姜和甲念都具有一种香味，加上染米黑芝麻炭灰的香味，做出的黑粽，即软又香，极为好吃。黑糯染有芝麻秆黑灰，呈碱性，可调和糯米中的酸性，食之不会产生胃酸。相传在古夜郎国时期，该国的国君患了"厌食症"而头昏目眩、四肢乏力。一位神医前来为国君治病，用云贵高原盛产的草果、板栗、绿豆、胡椒、黑糯米、芝麻秆灰、猪肉等药物相拌，并用具有"通经活络"作用的粽粑叶包成粽子，煮熟后献给国王。国王食用后胃口大开，不久，即肌骨强壮，百病俱消。于是，此药用黑粽子便世代流传下来，成为家家户户节庆时制作的传统小吃。

黑粽制作

黑粽制作

黑粽粽叶

黑粽

「游　·　食」辣椒骨｜年猪碎骨香辣诱人

五香坛里藏美味，
猪骨也有好用途。
辣椒增色又添香，
密封二月奇迹出。

　　别有风味的辣椒骨，是隆林各族自治县各族人民的传统食品和上好的调味品。辣椒骨和一般的辣椒酱不同，其味辣而不烈，香气馥郁，鲜酥油滑，营养丰富，美味可口。以调味煮菜或煮汤，香中带辣，余味无穷，既能增进食欲，帮助消化，又可驱寒解表，促进血液循环。

辣椒骨的来历,有一个很有趣的传说:在土司统治时代,有一个苗族农家养了一头大肥猪,春节将到之际,贪心的土官企图独占这头大肥猪,于是,他设计把全村的人都骗上山去,然后带着几个奴仆到这个农家把猪杀掉,偷走了猪肉。当晚,农民回到家,见家中一片狼藉,堂屋中有一堆猪骨和猪毛,经了解才知道家中的大肥猪被狠心的土官偷杀了,农民气愤极了,过年的猪肉没了,只好把这堆猪骨头放进椿碓里,并放些辣椒和盐,一面椿一面骂,"土官狠,土官坏,把你骨头椿成粉"。到了春节,他把这些辣椒骨煮来待客,客人吃后觉得味道很好,消息就远近传开了,此后,人们逢春节杀年猪时都腌制辣椒骨,既表示对上官的仇恨,又可为节日增加一道佳肴。久而久之,很多人家都学会了研制辣椒骨,形成一种传统的名吃。辣椒骨的制作,多用猪骨制作,但也有的用鸡骨、牛骨、羊骨制作。做法是:首先将带肉的骨头捶成小片。然后拌上辣椒粉、核桃粉、花椒粉、五香八角粉、生姜、食盐和高度米酒。搅匀后放进碓窝里椿碎,然后放进瓦坛,密封两个月以上即成。

封坛食用

辣椒骨

334

「游 · 食」养生油茶｜祛寒除湿提神饱腹

早上喝碗油茶汤，不用医生开药方。

晚上喝碗油茶汤，一天劳累全扫光。

三天不喝油茶汤，鸡鸭鱼肉都不香。

　　广西的众多美食中，油茶可谓是不得不品尝的美食之一，它具有祛寒除湿、提神饱腹的功能。寒冬腊月，阴冷疲惫之余，来一碗热气腾腾的油茶，让精神和身体放松，享受一份温暖的关怀与心情。

制作

打油茶是侗、瑶等族待客的最高礼仪之一。用茶油爆炒少量米粒，放入茶叶一起翻炒，轻轻捶打，再加适量的井水，用温火煮成茶汤。茶汤盛碗后放入作料，如阴米（阴干的糯米饭粒用茶油炸成的米花）、猪肝、粉肠、虾米、糍粑、汤圆、饭豆、黄豆、花生米、葱花、生姜、花椒等。这种油茶的制作过程，在侗乡称为"打油茶"。油茶味道浓香、清凉甘甜、提神醒脑、延年益寿。喝油茶的时候，还可以搭配着当地的小吃一起食用：酸豆角、南瓜饼、艾叶粑。"早上喝碗油茶汤，不用医生开药方；晚上喝碗油茶汤，一天劳累全扫光；三天不喝油茶汤，鸡鸭鱼肉都不香。"这首民谣不仅反映了侗、瑶等族人家对打油茶的酷爱程度，更体现了侗族人对油茶保健功效的推崇。从西方营养学来说，茶叶中含有丰富的微量元素，如锌、锰、镁等，常用可补充人体所缺的微量元素。普通泡绿茶只是以开水泡出味，而打油茶还多了炒制、压碎的步骤，可以更好地释放茶叶中的微量元素，有利于人体吸收。

打油茶

用茶油炸成的米花

337

「游 · 食」广西酸野｜舌尖上的水果罐头

木瓜李子凤梨鲜，
闻香食脆入口酸。
英雄难过美人关，
美人难过酸野摊。

　　酸菜，古称菹，《周礼》中就有其大名。在中国版图上，沿着古老的长城走向，我们甚至可以画出一条宽广的酸菜带。如果算上南方喜食酸菜的众多地域，这神奇的酸菜带将延伸扩展，愈益壮观。

制作

　　酸菜在南宁方言被称为"酸野"。广西的"酸野"是采用当地产的木瓜、萝卜、黄瓜、莲藕、椰菜、菠萝等时令果蔬，配以酸醋、辣椒、白糖等腌制而成。"野"在桂粤地区是"物"的意思，凡是酸制的很多食材都是酸野。酸野和其他地区的酸菜制作略有不同，广西酸野一种是用腌缸腌的，用蔬菜瓜果洗干净切好抹上盐巴，就可以放入腌缸，大概要两个星期到半年不等，还有一种是直接用酸醋，也是蔬菜瓜果洗干净切好，然后放到碗里，加酸醋、少盐、味精、糖，腌大概一天或半天就可以直接食用了。小小的摊子摆满了新鲜的水果，有时还会有些绿椒、黄肉姜等辣爽的食材，人概为了祛除平时南方的湿气。老板用粉粉绿绿的小盆将果蔬分门别类的盛放，用夹子自选种类后，摊上备有辣椒酸醋水、椒盐，供食客随意蘸用。桂北以腌制时间长、辣烈、酸浓、品陈为特色。桂南以生冷、新鲜、淡酸、微甜、带辣为特色。酸、甜、香、辣味味俱到，同时水果中富含大量的维生素 C，可谓神清气颐，酸野独具的酸爽也能令大家生津开胃。

酸野

酸野

后记

2012年至2016年，历经四年的时间，为了拯救和保护少数民族服饰文化，我多次深入到广西的少数民族地区，被广西当地少数民族绚丽的服饰、充满神秘色彩的鬼神信仰及宗教礼仪、老艺人精湛的手艺和当地特有的美食所深深吸引。每一次的长途跋涉难免艰辛，当看到那些色彩斑斓的服饰和技艺精湛的匠人时，那一刻却让我感觉到安静和美好。

记得在龙胜各族自治县和平乡大寨村，一位80多岁剪纸的红瑶老奶奶双眼几近失明，完全凭感觉在剪，可剪出的东西却技艺精湛。我着迷地拿着相机跟拍了两个多小时，差点没赶上回程的班车，我不禁在想：这些技艺还能存活多少年？

记得在金秀瑶族自治县六巷乡六巷屯门头村，我花几百元从86岁胡汉光老人手中收了他9岁度戒时的勒额和15岁恋爱时女朋友送的腰带，我不禁在想：老者为什么舍得把陪伴将近一生的东西卖给我？

记得有一年去拍红瑶的晒衣节，当时我们扛着摄影的大设备无法上山，一位70多岁的老奶奶用本该绣花的双手，弯着腰驼着背帮我们把大设备背上山，再背下山。她守了我们一整天，就为了赚取40元的搬运费，我不禁在想：这些老艺人的手，本该绣花，现在却靠卖劳力维持生活！

无名无利的坚持做一件事情，就是为了一种情怀。这些年来每每看到这一张张饱经沧桑的脸和布满皱纹的手，心底有种发自内心的敬意和崇拜。以至于脱离开他们，我竟然想不起要拿起自己的镜头。除了掏空兜里所有的钱买了一些绣片和旧物，不禁在想：我还能为她们做点什么？

中国少数民族传统文化经历了无数沧桑发展至今，在全球化和现代化大环境下，正面临着断层的命运，民族服饰穿戴者老龄化、传统文化及民俗渐渐地被现代生活所同化，使得这些少数民族文化可能在不被人熟知之前，就将离开人们的视野，这些美丽的锦绣需要被记录与传播，并存活下来。

因此，历经四年，我们撰写了《锦绣广西》这本专著，从裳识、民俗、匠艺、游食四部分分别介绍了具有广西特征的服饰、民俗、匠艺及美食，使它可以成为广西少数民族文化的礼物，为少数民族传统文化的传承尽一些绵薄之力！

感谢国家科技支撑计划项目对此书的出版资助，感谢一同并肩撰写此书的作者詹炳宏老师及梁汉昌老师！同时，特别感谢为此书进行美编设计的寇雅宁同学，为此书进行采集编辑的白雪、欧阳剑、伯咏归、崔畅、耿浩远、郭浩、唐润林同学，正是因为有了你们的付出，此书才得以编辑成册！同时要感谢在此书照片中身着美丽民族服饰，却有很多叫不上名字的艺人们及朋友们，感谢你们！

熊红云

2018年4月

341